에니어그램 본능 리더십

인식에서 행동으로
에니어그램의 27가지 하위유형으로 작업하기

에니어그램 본능 리더십

마리오시코라 · 호세무니타 지음

송재흥 · 최학수 · 윤혜경 옮김

*Based on two decades of experience using the
Enneagram in organizations*

KOREA
International
Enneagram Association

헌사와 감사의 말씀

이 작업을 받아들이고, 함께 하는 여정에서 우리에게 가르침을 준 전 세계의 고객과 학생 여러분께 이 책을 바칩니다. 또한, 이 책에 정신과 마음을 담아 주신 세 번째 파트너인 타머 자나티(Tamer Zanaty)님께도 깊이 감사드립니다.

에니어그램에 대한 이러한 접근법의 가치를 일찍이 알아보시고 저를 지지하고 격려해 주셨으며, 우리 시스템에 신선하고 독창적인 통찰력을 더해 주고, 거의 10년 동안 현명한 조언을 아끼지 않은 공동 저자이자 동료인 마리아 호세 무니타(Maria Jose Munita)님께 깊은 감사를 드립니다.

그리고 언제나 그렇듯 내가 사무실에 없는 시간과 자리를 비우는 것을 이해해 주고, 따뜻한 포옹과 미소로 맞아 주며 올바른 길로 나아갈 수 있도록 인도해 준 타냐님과 사랑하는 아들들(Adrian, Alec, Alexei, Andrei)에게도 진심으로 감사의 마음을 전합니다.

Mario.

에니어그램 모델에 대한 이 뛰어난 접근법을 개발할 수 있도록 귀한 통찰과 지식을 아낌없이 나누어 주신 공동 저자이자 멘토, 마리오님께 깊이 감사드립니다.

또한, 저를 늘 응원해 주시고 이 여정을 함께 즐겨 주신 가족, 조세피나(Josefina), 트리니다드(Trinidad), 그리고 아우렐리아노(Aureliano)께도 진심 어린 감사를 전합니다.

Maria Jose.

CONTENTS

2004년에 나(마리오)는 로버트 탈론과 함께 "인식에서 행동으로(Awareness to Action, 이하 ATA)"라는 책을 공동 집필했으며, 이 책은 2006년에 "인식에서 행동으로: 에니어그램, 감성 지능, 그리고 변화" 라는 두 번째 판으로 확장되었다. 당시 이 책은 조직에서 에니어그램을 광범위하게 사용한 경험이 있는 저자가 에니어그램에 대해 쓴 몇 안 되는 책 중 하나였다.

"ATA"는 지금까지도 전 세계에서 새로운 독자를 확보하고 있다. 이 책은 출간된 지 15년이 지났음에도 불구하고 현재 4개 언어로 번역되어 있으며, 올해에는 더 많은 번역을 논의 중이다.

그러나 ATA에서 빠진 것은 하위유형에 대한 언급이다. 2001년에 프로젝트를 시작할 당시에는 하위유형에 대해 잘 알고 있었지만, 그것이 에니어그램을 진정으로 이해하는 데 얼마나 중요한지는 알지 못했다. 사실 하위유형과 소위 세 가지 '본능'(나중에 자세히 설명)에 대한 나의 이해는 워크숍에서 배운 내용과 고객과 주변 사람들에 대한 피상적인 관찰을 바탕으로 한 이론적인 것에 불과했다.

과학자 친구에게 하위유형의 기초가 되는 개념을 설명하려고 할 때까지는 나의 무지의 수준을 완전히 이해하지 못했다. 그는 '본능'은 과학적 관점에서 매우 까다로운 단어이며, 더 중요한 것은 인간에게 세 가지 '본능'(자기 보존, 성적 또는 '일대일', 사회적 본능)이 있다는 생각은 과학적 관점에서 뒷받침할 수 없는 인간 본성에 대한 낡은 이해에 뿌리를 두고 있다고 지적해 주었다.

이를 계기로 진화생물학과 진화심리학을 깊이 있게 공부하게 되었고, 고객들의 행동을 훨씬 더 관찰하게 되었다. 나는 과학자가 아니며 하위유형에 대한 "과학적으로 검증된" 이론을 제시하지 않는다는 점을 먼저 말하고자 한다. 나는 27가지 하위유형으로 구성된 에니어그램 모델의 틀을 유지하면서 과학을 통해 우리가 알고 있는 것과 일치하는 사람들의 행동을 이해하기 위한 틀을 공유하고 있을 뿐이다.

시간이 지나면서, 나는 세 가지 '본능'이라는 단순한 개념보다는 독립적이면서도 서로 밀접하게 연결된 다양한 '진화적 적응'이 존재한다는 사실을 깨닫게 되었다. 이러한 적응은 조상이 번식할 가능성을 높여 우리에게 물려준 생물학적 배선에 뿌리를 둔 충동 또는 욕구이며, 우리가 물려받은 것이다. 인간에게는 생물학적 욕구와 심리적 욕구 사이에 명확한 경계가 없기 때문에(이 둘은 복잡하게 얽혀 있다), 이러한 욕구가 우리 고유의 상황에 따라 나타나는 방식은 우리의 성격에 지대한 영향을 미친다.

인간의 본성에 대한 이러한 이해에 영향을 미치는 진화적 적응은 여러 가지가 있지만, 크게 세 가지 그룹으로 분류할 수 있으며 우리 각자는 다른 두 그룹보다 이 중 하나에 편향되어 있는 것으로 보인다.

이러한 충동들은 우리의 조상들이 번성할 확률을 높이는 데 기여했지만, 반드시 우리의 웰빙에 긍정적인 영향을 미치는 것은 아니다. 이들 모두 장단점을 가지고 있다. 예를 들어 단것에 대한 갈망을 생각해 보자. 우리 조상들은 환경에 따라 영양가가 높은 음식을 찾도록 동기를 부여 받았지만, 우리에게는 오렌지를 먹도록 유도하는 것과 마찬가지로 건강에 해로운 초콜릿 바에 빠지게 될 가능성이 높다.

행복하고 효과적인 사람이 되려면 이러한 내재된 충동을 관리하는 방법을 배워야 하며, 그러기 위해서는 시대에 뒤떨어진 모델을 따르기보다는 충동을 있는 그대로 이해해야 한다.

이 짧은 책은 세 가지 본능 영역에 대한 개요로 시작한 후, 로버트 탈론과 내가 "ATA"에서 살펴본 9가지 에니어그램 유형에 대한 접근 방식을 요약한다. 각 유형은 무의식적으로 선호하는 적응 전략에 뿌리를 두고 있다는 관점에서 다뤄진다.

그리고 세 가지 본능 편향과 아홉 가지 전략의 교차점이 어떻게 9가지 기본 에니어그램 유형의 27가지 하위유형으로 나타나는지 설명하고자 한다. 마지막으로 세 가지 본능 편향을 조직, 팀, 개인과 함께 일할 때 적용할 수 있는 몇 가지 사례를 공유한다.

인식에서 행동으로
에니어그램

인식에서 행동으로 에니어그램

　'에니어그램'의 '에네아스(Ennea)'는 그리스어로 '아홉'을, '그램(gram)'은 '선' 또는 '그림'을 의미하므로, 엄밀히 말해 에니어그램은 9개의 선이 교차하여 원에 9개의 등거리 점을 만드는 기하학적 패턴이다.

　그러나 '에니어그램'은 보다 광범위하게는 9가지 성격 유형 또는 스타일이 이 다이어그램에 배열된 모델로 간주된다. (그림 1 참조) 인간은 복잡하기 때문에 하나의 상자에 넣는 것은 어리석은 일이다. 사람들은 상황에 따라 다르게 행동하고 미래에 어떻게 행동할지 예측하는 것은 거의 불가능하지만, 대부분의 심리학자들은 인간의 성격 특성 중 많은 부분이 시간이 지나면서 어느 정도 안정된다는 데 동의한다.

　'유형'이라는 단어는 방금 경고한 범주에 넣는 것이기에 불편할 수 있다. 그러나 사람들이 눈에 띄고 비교적 일관된 습관적 행동 패턴을 갖는 경향이 있다는 데는 이견이 없으며, 사람마다 완전히 똑같은 사람은 없다는 점을 인정하면서도 이러한 패턴의 강도를 이해하는 것이 유용할 수 있다.

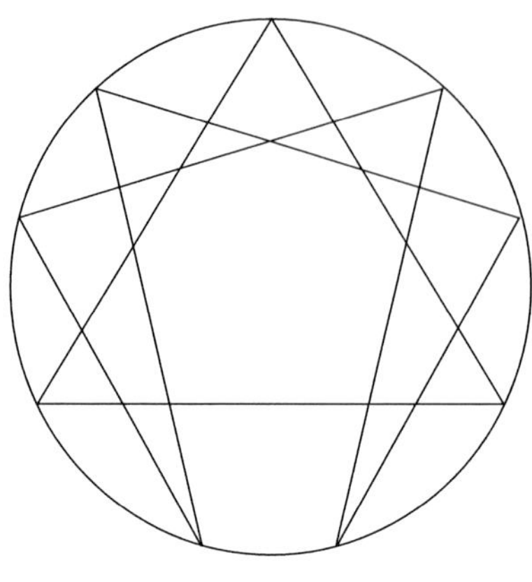

그림 1. 에니어그램

에니어그램의 내부 선은 인간 행동의 복잡성을 나타내며, 사람들이 심리적으로 "움직이며" 서로 다른 시기에 서로 다른 경향을 보이지만 비교적 일관된 방식으로 행동한다는 것을 나타낸다. 따라서 에니어그램은 습관적인 생각, 감정, 행동의 9가지 역동적인 패턴을 설명하는 방법이며, 우리 각자가 이 9가지 패턴 중 하나를 다른 8가지 패턴보다 더 일관되게 나타내는 경향을 보여준다. '유형(Ennea-type)'이라는 용어는 사람을 제한적이거나 고정된 틀로 정의하는 것이 아니라, 아홉 가지 패턴 중 하나를 비교적 꾸준히 보이는 경향이 있는 사람을 가리킨다.

에니어그램은 전통적으로 9가지 '유형'으로 구성된 모델로 여겨지지만, 이 체계의 또 다른 기본 요소인 세 가지 본능 편향이 있다. 곧 살펴보겠지만, 편향은 우리가 중요하게 여기거나 가치 있게 여기는 삶의 측면과 관련이 있으며, '유형'은 이러한 가치를 습관적으로 충족시키는 방식을 나타낸다.

9가지 유형은 우리가 가진 필요를 채우고, 삶에서 마주치는 특정한 방식으로 문제들을 해결하려는 적응적인 '전략'에 뿌리를 두고 있다고 볼 수 있다. 이러한 전략은 의식적이고 고의적인 것이 아니라 과거에 효과가 있었고 현재에도 편안하고 합리적으로 느껴지는 습관적인 경향이다. 이러한 전략을 습관적으로 사용하면 생각할 필요 없이 그냥 실행하기 때문에 더 쉬워진다.

우리가 전략이 삶을 "더 편하게" 만든다고 말하는 이유는 항상 의식하고 사려 깊게 생각하면 정신 에너지를 너무 많이 사용하기 때문이다. 따라서 우리는 대부분의 시간을 자동 조종 장치로 보내며 하루를 살아가려고 노력하면서 삶에 반응한다. 자동 조종 모드에 있을 때, 우리 뇌의 일부는 일관성과 평형 상태를 만들기 위해 반사적으로 특정 방식으로 느끼려고 노력한다. 특정 방식으로 느끼고 싶은 욕구는 그 느낌을 얻는 데 도움이 되도록 생각하게 하고, 생각하고 느끼는 방식과 일치하도록 행동하게 한다. 따라서 우리의 유형은 9가지 전략 중 하나, 즉 세상의 모든 것이 옳다고 느끼게 하는 사고, 감정, 행동의 패턴에 뿌리를 두고 있다. 문제는 이러한 패턴이 종종 위안이 되기도 하지만, 어제의 도구로 오늘의 문제를 해결하려는 비생산적이고 비효율적인 시도일 수 있다는 것이다. 이러한 패턴은 종종 우리의 고통과 불만족의 근원이 되기도 하므로, 이러한 패턴에 휘둘리지 않고 패턴을 이해하고 전략을 관리하는 방법을 배우는 것이 좋다.

다른 저자들은 유형의 핵심 역학을 설명하기 위해 다양한 용어를 사용한다. 어떤 이들은 특정한 기본적 두려움과 욕망에 초점을 맞추기도 하고, 어떤 이들은 공통적인 특성 목록에 초점을 맞추기도 한다. 이 에니어그램의 초기 지도자는 일련의 정신적-영적 악덕과 집착에 초점을 맞췄다. 그것은 각 유형을 이해하는 데 도움이 되지만 비즈니스 세계나 보다 실용적인 청중에게는 잘 작동하지 않는다.

에니어그램의 기원에 대해서는 많은 신화가 있다.

이 신화 중 일부는 추측에 근거한 것, 일부는 잘못된 정보에 근거한 것이다. 확실한 것은 성격 모델로서의 에니어그램이 1960년대 말과 1970년대 초에 오스카 이차조라는 볼리비아 철학자에 의해 시작되었다는 사실이다. 이차조의 작업은 칠레의 정신과 의사인 클라우디오 나란호에 의해 상당히 업데이트되었다. 나란호는 이차조의 신비적인 모델에 심리학적인 초점을 맞추면서도 여전히 그 신비적 뿌리를 존중했다.

나란호는 1970년대 초 캘리포니아 버클리의 한 그룹에게 이 모델을 가르쳤고, 그곳에서 에니어그램이 확산되기 시작했다.

에니어그램은 나란호의 가르침을 바탕으로 시스템의 초기 교육자들이 추가한 혁신적인 요소들이 포함되어 교육되었다. 1980년대 중반, 1990년대, 2000년대 초반에 걸쳐 이 시스템에 대한 몇 가지 인기 있고 두드러진 접근법이 있었는데, 각 접근법은 교사의 관점, 성격, 편견, 청중에 따라 조금씩 다른 관점을 가지고 있었다. 인터넷이 등장하고, 점점 더 많은 에니어그램 교육 프로그램이 만들어지고, 다양한 접근법을 가진 학생들이 섞이면서 이 시스템에 대한 새로운 혁신과 생각이 확산되기 시작했다.

인식에서 행동으로 에니어그램 개발

나는 1994년 로버트와 데니스 탈론에 의해 에니어그램을 소개받았다. (나는 2004년에 로버트와 함께 첫 번째 저서인 "인식에서 행동으로: 에니어그램, 감성 지능, 그리고 변화(Awareness to Action: The Enneagram, Emotional Intelligence, and Change)"라는 책을 2004년에 로버트와 함께 공동 저술했다. 그들은 에니어그램 연구소에서 교육을 받았고, 나도 몇 년 후에 교육을 받았다.

나와 주변 사람들을 이렇게 생생하게 묘사한 적이 없었기 때문에 나는 에니어그램에 사로잡히게 되었다. 당시에는 인터넷이 생기기 전이라 에니어그램에 대한 정보가 많이 공개되지 않았기 때문에 책과 카세트 테이프 등 에니어그램에 대해 찾을 수 있는 모든 것을 섭렵했다.

1997년에 나는 임원 코치이자 리더십 개발 컨설턴트로서 일을 시작했다. 나는 에니어그램이 고객 자신과 자신의 성장에 방해가 되는 장애물을 파악하고 동료의 행동이나 의도를 잘못 해석하는 이유를 파악하는 데 도움이 되는 강력한 방법이라는 것을 금방 깨달았다. 고객들은 자신과 동료, 팀을 이해하는 방법으로 에니어그램을 좋아했다. (또한 배우자와 자녀에 대한 통찰력도 얻을 수 있다는 사실을 알게 되었다.)

하지만 조직에서 에니어그램을 사용하면서 몇 가지 도전에 직면하기 시작했다. 나는 항상 내가 배운 개념에 효과적으로 도전할 수 있는 훌륭한 비판적 사고자라고 생각했지만, 내가 배울 것이 많다는 것을 깨달았다.

고객들에게도 마찬가지이다. 성공한 비즈니스맨들은 모두 모든 것에 의문을 제기할 수 있는 교육과 경험을 가지고 있다. (많은 사람들이 과학이나 금융 분야의 배경을 가지고 있는데 그들은 주장을 액면 그대로 받아들이거나 쉽게 믿지 않는 경향이 있다.) 이들은 '뉴에이지 발언'으로 보이는 것이 있으면 그 효과에 대한 증거를 찾기 위해 끊임없이 노력했다. 에니어그램이 탄생한 자조 및 영성 분야에서 놀라울 정도로 지적인 사람들을 많이 만났지만, 내 경험에 따르면 그 분야의 사람들 대부분은 덜 비판적인 경향이 있고 완전히 사실이 아닐 수도 있는 아이디어를 기꺼이 간과하는 경향이 있다. 비즈니스, 과학, 학문 분야는 그런 식으로 운영되지 않는다.

고객은 자신이 시간을 투자하는 것이 조직에 가치를 더하도록 해야 할 책임이 있기 때문에 추상적인 것보다는 결과를 보고 싶어 하며, 일상의 혼란 속에서 아이디어를 적용할 수 있도록 명확성과 단순성을 원한다.

실용적이고 엄격하며 비판적인 사람들과 이 모델을 공유하려면, 그들의 성향에 맞는 언어로 시스템을 설명하는 방법을 배워야 한다는 것을 깨달았다. 따라서 인식에서 행동에 이르는 에니어그램으로 발전한 언어와 개념의 기원은 몇 가지 특정 요구를 충족시키기 위한 시도였다.

- 정확해야 했다. 정확하지 않고 경험적으로 정당화할 수 없는 것은 주장할 수 없었다.
- 비즈니스 및 과학에 관심이 있는 청중에게 적합하고 편안한 언어를 사용해야 했다.
- 내가 직원들에게 가르치는 것은 무엇이든 실질적인 성과로 이어져야 했다. 자기 자신을 위한 지식과 사색은 훌륭한 것이지만 회사의 돈으로 비용을 지불해서는 안 된다.
- 나의 주장은 "과학적으로 증명"될 필요는 없지만, 과학을 통해 우리가 알고 있는 것을 위반할 수는 없다. (광범위한 에니어그램 문헌에는 에니어그램 시스템 자체나 에니어그램이 때때로 결합되는 관행에 대해 명백히 사실이 아닌 비과학적 주장이 가득하다.)
- 모델은 간단하고 기억하기 쉬워야 한다.

이 마지막 요구, 즉 단순성에 대한 요구 때문에 일부 사람들은 에니어그램이 뉘앙스와 인간 본성의 복잡성에 대한 이해가 결여된 단순한 방식이라고 생각하기도 한다. 나는 그 반대, 즉 지식의 체계에서 단순함을 찾으려면 깊은 이해가 필요하며, 현실적으로 적용하기 어려운 복잡한 체계보다는 다른 사람에게 전달할 수 있는 단순하고 우아한 모델이 훨씬 더 도움이 된다고 주장하고 싶다.

'인식에서 행동으로 에니어그램(Awareness to Action Enneagram)'이라는 이름은 에니어그램의 가치는 그것을 통해 얻은 지식을 우리가 어떻게 활용하느냐에 있다는 의미를 담고 있다.

자신과 타인에 대한 더 깊은 이해는 그 이해를 바탕으로 세상과 더 효과적으로 소통하고, 더 나은 관계를 구축하고, 그리스인들이 '유다이모니아(eudaimonia)'라고 부르는 번영과 만족감을 증진하는 등 우리의 상황을 개선하는 데 사용할 때에만 그 가치가 있다. 이러한 개선은 분명 직장 생활에도 영향을 미치지만, 삶의 다른 모든 측면도 개선한다.

인식에서 행동으로 에니어그램의 구성 요소

에니어그램에 대한 일부 접근 방식에는 보기에 따라 시스템에 깊이를 더하거나 불필요한 복잡성을 더하는 다양한 구성 요소가 있다. 깊이는 좋지만 어떤 모델을 사용하든 각 구성 요소가 추가하는 복잡성의 정도에 비해 얼마나 많은 가치를 제공하는지 평가하는 것이 중요하다. 시간이 지나면서, 나는 거친 기업 환경에서 어떤 요소들이 살아남았고, 어떤 요소들은 그것이 초래하는 혼란의 정도에 비례하여 효과가 저조했는지 관찰해왔다. 따라서 인식에서 행동으로 에니어그램은 단순하지만 강력한 첫 번째 원칙에 기반한 몇 가지 요소에 의존한다. 이 중 세 가지 요소는 설명적 요소(개인이 경험하는 내적 역동성과 이러한 역동성이 우리의 삶과 관계에 미치는 영향을 설명)이고 다른 세 가지 요소는 규범적 요소(성장을 위해 취해야 할 행동을 가리킴)이다.

세 가지 설명적 요소는 다음과 같다.

- 본능 편향
- 전략
- 핵심 특성

세 가지 규범적 요소는 다음과 같다.

- 인식에서 행동으로 이어지는 프로세스
- 촉진 요인
- ATA 개인 및 전문 리더십 역량

이러한 요소를 종합하면 성장과 발전을 위한 매우 견고하고 정교한 모델이 완성된다.

이 책은 27가지 하위유형에 대한 간단한 입문서이므로, 가장 기본적인 수준에서 에니어그램은 세 가지 본능 편향(우리가 중요하게 여기는 것)과 9가지 전략(이러한 가치를 충족시키는 방법)이라는 두 가지 차원이 교차하는 모델로 생각할 수 있다. 세 가지 요소와 아홉 가지 요소가 교차하면 "하위유형"이라고 하는 27개의 고유한 성격이 만들어진다.

대부분의 에니어그램 강사들은 세 가지 본능 편향을 소개하기 전에 9가지 유형에 대해 이야기하는 것이 일반적이지만, 나는 세 가지 편향을 먼저 소개하는 것이 훨씬 더 효과적이라는 것을 발견했기 때문에 여기서는 그렇게 접근하겠다.

세 가지 본능 편향

세 가지 본능 편향

　본능 편향이란 삶의 특정 측면을 다른 것보다 더 중요하게 여기며, 그에 따라 주의를 집중하려는 깊이 자리 잡은 경향을 말한다. 요컨대, 이는 우리의 가장 근본적인 생물학적 욕구와 밀접하게 연결된 핵심 가치이다. (윤리적 가치라는 뜻이 아니라 우리가 근본적으로 중요하게 여긴다는 의미에서 '가치'라는 뜻이다.)

　이러한 본능에 대한 관심은 보존, 탐색, 전파의 세 가지 영역으로 나뉜다. 우리 모두는 이러한 각 영역에 일정한 가치를 부여하지만, 그 중요도는 불균등하게 나타나며 다른 두 영역보다 한 영역에 눈에 띄게 더 치우치는 경향이 있다. 따라서 어떤 사람은 "보존 편향"을, 어떤 사람은 "탐색 편향"을, 또 다른 사람은 "전파 편향"을 가지고 있다.

　이에 대해 더 명확하게 생각하고 각 영역에 대한 이해를 돕기 위해 공작에 관한 다큐멘터리를 시청한다고 상상해 보자.

　다큐멘터리의 첫 번째 부분은 공작새가 둥지를 짓고, 먹이를 먹고 손질하고, 새끼를 돌보는 방법 등 공작새의 '둥지와 양육' 적응에 초점을 맞춘다. 이러한 적응은 보존 영역에 속한다.

　다큐멘터리의 두 번째 부분은 공작새의 '집단 지향', 즉 사회적 규칙과 관습을 파악하는 방법과 무리에서의 먹이서열에서 자신의 위치를 파악하는 방법에 초점을 맞춘다. 이것이 바로 탐색 영역이다.

다큐멘터리의 세 번째 파트는 공작새의 '유인 및 유대' 적응, 즉 자신의 유전자를 전달하고 연결을 맺기 위해 해당 영역의 다른 공작새들의 관심을 끄는 방법에 초점을 맞춘다. 이것이 바로 전파 영역이다.

인간은 공작새보다 더 복잡하지만, 진화에 따른 적응은 크게 세 가지 범주로 분류할 수 있다. 보존, 탐색, 전파이다. 구어적으로 '본능'이라고도 불리는 이러한 적응은 이는 자연이 우리 조상들에게 생존과 번식 가능성을 높이기 위해 제공한 방법들이다. 본능은 때때로 우리 자신과 주변 사람들을 먹여 살리고, 집단에 속한 사람들과 잘 어울리고, 깊은 유대감을 찾는 등 유익하게 작용하기도 하지만, 때로는 지나친 정크푸드 (즉각적인 만족만을 위한 선택), 지나친 Facebook (과도한 소셜미디어에 몰입), 상호 의존성, 지나친 관심 욕구 등 우리에게 불리하게 작용할 수도 있다.

본능 편향은 우리의 업무와 개인 생활에 지대한 영향을 미친다. 관심사, 중요하다고 생각하는 것, 그리고 그에 따라 시간을 보내는 것에 영향을 미친다. 또한 우리가 어떤 기술을 개발하거나 소홀히 하는지에 영향을 미친다. 심지어 우리가 누구와 잘 지내고 누구와 자주 충돌하는지에 영향을 미치기도 한다.

나는 의도적으로 이러한 영역을 설명하기 위해 동사를 선택하여 사람들이 자신이 하는 일에 대해 어떻게 느끼는지 보다는 무엇을 하는지에 초점을 맞추었다. 사람들이 종종 이렇게 말하곤 한다. 자신이 많은 것을 전파하는 경향이 있지만, 실제로는 "탐색"을 하고 있다고. 그리고 나서 자신이 원래 그런 성향의 사람이라고 주장하면서도, 왜 그렇게 행동하지 않는지에 대해 이유를 설명한다. 나는 에니어그램을 사람이 '어떤 존재'인지에 대한 일종의 전형적 모델이 아니라 우리가 무엇을 하려고 하는지에 대한 모델로 보기 때문에 사람들이 자신이 어떤 사람이라고 말하는 것보다 무엇을 하는지에 더 초점을 맞추고 있다.

생물학에서 우리는 어떤 것을 오리라고 부르는 이유는 본질적인 '오리성' 때문이 아니라 우리가 '오리'라고 부르는 다른 많은 것들처럼 보이고, 오리처럼 행동하고, 오리처럼 걷고, 오리처럼 꽥꽥거린다는 점 때문이다. 오리가 자신을 개라고 생각하든 상관없다. 마찬가지로, 나의 생각에 보존이나 탐색보다 더 많은 것을 전파한다면 내면에서 스스로를 무엇이라고 생각하든 당신은 전파자이다.

우리 각자는 이러한 각 영역의 충동에 영향을 받지만 그 정도는 다양하며, 다른 두 영역보다 한 영역에 대해 무의식적이고 습관적인 '편향'을 가지고 있다. 우리가 가장 주의를 기울이고 가장 높은 가치를 두는 지배적인 편향이 바로 이 편향이다. 나는 이 무의식적인 선호들을 에니어-유형과 독립적으로 논할 때 본능 편향(instinctual biases)이라고 부른다. 그리고 본능 편향과 에니어-유형의 결합을 좀 더 일반적인 용어인 하위유형(subtype)이라고 부른다.

자세한 내용을 살펴보기 전에 각 본능 편향에 대해 간단히 살펴보겠다.

보 존

보존에 대한 편향이 지배적인 사람들('보존자'라고 지칭)은 자신과 자신이 아끼는 사람들이 충분한 식량, 쉼터, 그리고 삶을 유지할 뿐만 아니라 편안하게 만드는 기타 모든 자원을 확보하는 데 집중하는 경향이 있다.

이들은 건강 및 웰빙과 관련된 욕구를 추구하며 과거와의 연속성을 느끼게 하는 전통과 물건을 수집하거나 가꾼다. 이들은 필요한 것을 충분히 가지고 있다고 느끼지 못하거나, 무언가가 자신의 편안함이나 안녕을 방해할 수 있다고 생각하거나, 그렇지 않은데도 자원이 부족하다고 믿는 등 지나치게 보존하는 경향의 함정에 빠질 수 있다.

보존자(Preservers)에서 볼 수 있는 일부 행동은 다음과 같다.

- '보금자리 마련과 양육'에 집중하고 음식, 물, 의복, 쉼터, 위험으로부터의 전반적인 안전과 같은 기본적인 생존 필요를 충족시키는 데 중점을 둔다.
- 주요 대화는 일반적인 웰빙, 에너지 및 자원의 보전, 보금자리와 양육 및 보존에 중점을 둔다. 생존에 필요한 자원을 확보한다(예. 재정적 안정. 은행에 충분한 돈이 있는지 확인).
- "자기" 보존 및 유지, 즉 자신이 안전하고 보호받고 있다는 것을 확실히 하며, 또한 자신이 소중하게 여기는 물건, 전통, 자녀, 그리고 가까운 사람들("둥지" 안에 있는 사람들)의 보존을 중요하게 여긴다.
- 집과 가족을 매우 중요하게 생각하며, 특히 편안함을 추구할 때 집 안의 물건이 잘 정돈되기를 원한다. 대개 집과 관련된 취미가 있으며 기념품을 수집하고 보관할 수도 있다.
- 의자, 침대, 의복, 온도, 음식, 건강, 따뜻함 등에 주의를 기울이고 신체적 편안함에 민감하며, 신체적 웰빙을 증진하도록 환경을 조성한다.
- 잠재적인 질병이나 건강에 대한 위협에 민감하며 통증 또는 상태의 변화를 빠르게 알아차린다.

탐 색

탐색에 대한 편향이 지배적인 사람들은 그룹의 작동 방식과 그룹 내 자신의 지위에 집중하는 경향이 있다. 이들은 그룹의 계층 구조와 구성원들의 상호 관계를 이해하고 어떻게 하면 그룹에 더 잘 적응할 수 있는지 알고 싶어 한다. 이들은 다른 사람에게 자신을 강요하지 않으며, 신뢰와 상호 호혜를 바탕으로 정보가 자유롭게 흐를 수 있는 넓고 느슨한 네트워크를 유지하는 '소프트 네트워커'이다.(탐색자는 일반적으로 자신에 대해 이야기하는 것보다 미래에 유용할 수도 있고 그렇지 않을 수도 있는 정보를 수집하는 데 더 관심이 많다는 점에 유의해야 한다.) 탐색자들은 자신의 탐색 성향을 지나치게 과시하여 가십거리가 되거나 다른 사람들이 자신을 어떻게 인식하는지에 대해 지나치게 신경을 쓸 수 있다. 그들은 사람들이 듣고 싶어하는 말을 할 수도 있다.(진실보다는) 아니면, 자신이 정한 기준에 맞지 않는 사람들을 무시하는 것처럼 보일 수도 있다.

탐색자(Navigators)에서 볼 수 있는 일부 행동은 다음과 같다.

- "그룹에 맞추어 행동하는 것"에 집중하고, 동맹을 구축하며 신뢰와 상호 호혜를 형성(그리고 그것을 추적)하고, 자신과 다른 사람들이 집단의 위계에 어떻게 맞추는지를 이해하고자 한다.
- 그룹 내에서 변화하는 패턴과 계층 구조에 민감하게 반응하며, 이러한 변화가 가져오는 영향을 파악한다. 그룹이 어떻게 작동하는지, 그리고 그 안에서 어떻게 받아들여질 수 있는지 이해하고자 한다.
- 사회적 관계와 관련된 자극에 민감해진다. 사람들과 '함께' 있는 것(사람에 대한 '생각')이 실제로 사람들과 교류하는 것보다 더 중요하다.

- 정보 교환, 사람에 대한 통찰력, 가십에 초점을 맞추고 사람에 대해 관찰하고 이야기하면서 그룹의 역학, 사회적 지위, 관습 및 표준에 대한 깊은 이해에 도달한다.

- 타고난 사교성이 있지만 어느 정도 경계심이 있는 성격으로, 타인의 행동과 선택에 대한 판단을 내리는 동시에 받아들여질 만큼은 드러내지만 거부당할 만큼은 드러내지 않는다.

- 그들은 그룹 내에서 자신에 대한 인식, 명성, 그리고 지위를 중시하며, 이를 통해 사회적 안전망의 일원으로 남을 수 있도록 한다. "나는 어디에 속하는가? 다른 사람들과 어떻게 비교되는가?"라는 질문을 자주 하기도 한다.

전 파

전파에 대한 편향이 지배적인 사람들은 자신의 매력, 카리스마, 성취를 과시하는 데 집중하는 경향이 있다. 이들은 광역 및 지역 캐스터로서 무의식적으로 신호를 전송하여 관심을 끌고, 그 신호를 수신하는 개인에게 집중하여 짧은 시간이라도 그들과 강렬한 유대감을 형성한다. 전파 본능 편향을 가진 사람들은 세상에 인상을 남기고자 하기에 유산을 만들어서 그들의 일부가 계속 살아남을 수 있도록 한다. 전파 성향이 지나쳐서 자신에게 너무 많은 관심을 끌면 방의 모든 '공간'을 차지하고 다른 사람들은 중요하지 않거나 무시당하는 느낌을 받거나 반대로 전파자의 강렬함에 질식할 수 있다.

전파자(Transmitters)에서 볼 수 있는 일부 행동은 다음과 같다.

- '매력과 유대감'에 초점을 맞추고 유전자, 신념, 가치관, 세계관, 창작물을 다른 사람에게 전달하여 그 정보의 전달자가 되도록 하는 데 중점을 둔다.

- 자신에게 주목을 끌고 사람들에게 자신을 알아보게 하려는 자연스러운 욕구가 있다. 심지어 그들이 이를 의식하지 못할 때도 그렇다. "신호 보내기" 행동이 일반적이며, 이는 "나를 주목해 달라"는 방송의 형태로 메시지를 전달한다. 대화에서 이들은 다른 두 본능 편향을 가진 사람들보다 자신에 대해 더 많이 언급하는 경향이 있다.

- 일반적으로 외향적이고 매력적이며 자신감이 넘치고 야망이 있다. 사람들은 그들의 카리스마, 성공, 에너지에 이끌린다. 종종 보존 문제에 대한 토론을 통해 유대감을 형성한다.

- 종종 외모에 신경쓰고 주목받기 위해 옷을 입으며, 사람들을 끌어당기는 방식으로 행동한다. 이들은 일반적으로 다른 본능 편향 유형보다 외모에 더 집중하며, 보석이나 옷장에 포인트를 주는 장신구를 더 많이 착용하는 경우가 많다.

- 강렬한 관계를 추구하여 다른 사람들이 자신이 제공하는 것에 대해 열린 마음을 갖도록 유도한다.

- 자신의 유산을 남기고, 자신의 일부를 다음 세대에 전달하고자 한다. (이것이 연결을 추구하는 궁극적인 목표이다)

복잡성과 모순 Complexity and Contradictions

여기서 다시 한 번 강조하고 싶은 것은 대부분의 에니어그램 접근법에서 주장하는 것처럼 세 가지의 구체적이고 단일한 '본능'이 있다고 가정하지 않는다는 것이다.(이러한 욕구의 일반적인 이름은 '자기 보존’, ‘사회적’, 성적’ 또는 ‘일대일’ 등이다) 오히려 유사한 문제를 해결하거나 유사한 욕구를 해결하는 ‘영역’ 또는 적응의 그룹으로 묶이는 많은 진화적 적응이 존재한다고 제안하고 있다.

같은 영역 내에서도 이러한 적응은 독특하지만 유사한 욕구를 충족하도록 진화했거나 같은 욕구를 다른 방식으로 충족하도록 진화했기 때문에 때때로 모순되거나 상충될 수 있다. 이로 인해 사람들은 본능 편향과 관련된 가치에 대해 내적 부조화 또는 심리적 긴장의 패턴을 형성한다.

마찬가지로, 우리는 주변 사람들과 협력하고 경쟁하도록 진화했기 때문에 타인을 대하는 우리의 행동은 동일한 욕구를 충족시키는 두 가지 다른 방식일 뿐임에도 불구하고 모순적으로 보일 수 있다.

예를 들어, 보존 영역에는 단 음식과 지방을 갈망하게 하는 적응과 건강을 돌보게 하는 다른 적응이 있다. 따라서 우리는 아이스크림을 원하지만 아이스크림을 먹는 것에 대해 죄책감을 느낀다. 그 결과 보존자는 자원이 부족할 때를 대비해 자원을 절약하려는 욕구와 즐길 수 있을 때 즐기려는 욕구 사이에서 내부적으로 갈등을 겪는 경우가 많다.

마찬가지로, 보존적 적응은 우리로 하여금 자원을 다른 사람들과 나누게 하지만, 동시에 먼저 자신이나 우리 주변 사람들에게 필요한 것을 확보하도록 이끈다. 따라서 보존자의 행동은 모순적으로 보일 수 있다. 어떤 상황에서는 돌보고, 다른 상황에서는 이기적일 수 있다.

탐색 영역에서 우리는 그룹에서 인정받기 위해 다른 사람들에게 자신의 좋은 점을 드러내고 싶지만 배척을 받을 수 있는 자질이나 행동은 숨기고 싶어 한다. 결과적으로 탐색자들은 어느 정도의 정보를 공유해야 하는지 잘 모르기 때문에 수용을 받기 위해 공개하는 것과 창피를 당하지 않기 위해 참는 것 사이에서 갈등을 느낀다.

탐색적 적응은 우리로 하여금 사람들과 연결되게 하지만, 동시에 그들을 정신적으로 판단하고 우리 머릿속에 존재하는 평가적 범주에 맞게 분류하도록 한다.

전파 영역에서의 적응은 우리로 하여금 관심 있는 사람과 깊은 연결을 형성하게 하지만, 동시에 다른 사람들과의 연결 가능성도 열어 두도록 한다. 따라서 전파자는 종종 누군가가 자신을 알아차리기를 바라며 신호를 외부로 보내는 것과, 자신에게 집중하는 특별한 한 사람에게 집중하는 것 사이에서 갈등을 겪게 된다.

전파적 적응은 타인이 얼마나 특별한 존재인지 강조함으로써 타인과 연결되고 싶어 하지만, 일단 접촉이 이루어지면 전파하고 싶은 충동으로 인해 결국 자신에 대해 이야기하게 될 수 있다.

이러한 영역에서 행동할 때 우리의 행동은 종종 모순되지만, 모순에는 논리가 있으며 그 논리를 이해하면 자신과 타인을 훨씬 더 명확하게 이해하는 데 도움이 된다.

하위 영역

우리는 세 가지 본능 영역을 각각 세 개의 하위 영역으로 나누어 행동과 주의 집중의 초점을 설정한다. 이때 각 범주는 엄격하게 고정된 것이 아니며, 같은 행동이 서로 다른 적응적 필요를 충족시킬 수 있다는 점을 염두에 둔다. (예를 들어, 요리에 대한 사랑은 자신을 가꾸는 느낌을 줄 수 있고, 다른 사람을 위해 요리함으로써 공동체 욕구를 충족시킬 수 있으며, 짝을 유혹하는 데 도움이 되는 등 세 가지 영역 각각에서 서로 다른 방식으로 욕구를 충족시킬 수 있다.) 각각의 하위 영역은 적응의 군

집을 세 가지 추가적인 세부 항목으로 나누어 더 세분화 된다.

보존 영역에서 우리의 행동과 주의는 다음에 집중된다.

- 보안 – 자신과 사랑하는 사람들을 보호하고, 우리의 자원을 위험으로부터 안전하게 지키기 위한 노력이다. 여기에는 안전, 지지적 관계, 위험 회피가 포함된다.
- 웰빙/자원 – 편안하고 건강하게 지내고, 이미 가지고 있는 자원을 위험에 빠뜨리지 않으면서 '충분한' 자원을 얻으려는 시도이다. 여기에는 편안함, 공급, 건강이 포함된다.
- 유지 관리 – 앞의 두 가지를 가능하게 하는 것들을 수정하고 개선하려는 시도이다. 여기에는 둥지를 꾸미고 전통을 지키며 수리하는 것이 포함된다.

보존 영역 및 하위 영역

유지 관리	웰빙/ 자원	보안
둥지 돌보기	편안함	안전
수리	공급	관계
전통	건강	위험 회피

탐색 영역에서 우리의 행동과 주의는 다음에 집중된다.

- 신뢰/호혜성 – 누가 신뢰할 수 있고 안전하게 거래할 수 있는지 파악하려는 시도이다. 여기에는 정보 교환, 그룹 일관성, 거래가 포함된다.

- 지위/정체성 – 모든 사람(특히 자신)이 사회 질서에서 어디에 속하는지 이해하려는 시도이다. 여기에는 서열, 역할 명확성, 평판 관리가 포함된다.

- 권력/영향력 역학 – 누가 권력을 가지고 있고, 누가 자신의 목적을 추진하는 데 활용될 수 있는지를 이해하려는 시도이다. 여기에는 그룹 내 정치, 사회적 지능, 그리고 계층 관리가 포함된다.

탐색 영역 및 하위 영역

신뢰/호혜성	지위/정체성	권력/영향력 역학
정보 교환	서열	그룹 정치
집단 응집	역할 명확성	사회적 지능
거래	평판 관리	계층 구조 관리

전파 영역에서 우리의 행동과 주의는 다음에 집중된다.

- 광역/지역 방송하기 – 가장 넓은 그룹에게 주목을 끌 수 있는 신호를 보내려는 시도이다. 한 번 신호가 누군가에게 전달되면, 주의는 그 특정 개인에게 집중된다. 여기에는 신호 보내기, 유혹, 그리고 강렬한 "일대일" 관계가 포함된다.

- 주장하기 – 자신이 원하는 것을 얻으려는 시도로, 종종 억제 없이 이루어진다. 여기에는 욕구 충족, 낮은 억제력, 그리고 야망이 포함된다.

- 인상 남기기 – 자신의 흔적을 남겨 기억되거나 유산을 남기려는 시도이다. 여기에는 유산, 매력, 그리고 영향력이 포함된다.

전파 영역 및 하위 영역

광역/지역 방송하기	주장하기	인상 남기기
신호 보내기	욕구 충족	유산
유혹	낮은 억제	매력
강렬한 관계	야망	영향

표현 패턴

우리는 모두 세 가지 영역에서 오는 적응에 영향을 받는다. 아무도 단지 보존적이거나, 탐색적이기만 하거나, 전파적이기만 한 사람은 없다. 각자는 각 영역의 적응을 다양한 정도로 표현하지만, 그 중 하나가 지배적인 역할을 한다. 우리는 개인적으로나 팀 차원에서, 또는 기업 차원에서 클라이언트와 작업을 하면서, 각 영역의 표현에 특정한 패턴이 상대적으로 일관되게 나타난다는 것을 발견했다.

이 패턴은 다음과 같다.

- 한 영역이 지배적이다. 이 영역은 우리가 가장 주도적으로 나타내는 적응과 본질적으로 가장 중요하다고 여기는 삶의 측면을 포함한다. 이 영역은 우리가 가장 즐기는 활동과 관련이 있으며, 대부분의 시간을 이 욕구를 충족하는 데 보내고 싶다는 유혹을 받기 때문에, 그와 관련된 행동에 지나치게 몰두하는 함정에 빠지기 쉽다. 우리는 종종 이 영역에서 많은 불안을 느끼지만, 정상적으로 기능하는 성인들은 이 영역에서 매우 편안함을 느끼며 '집'처럼 느껴진다. 우리는 이 영역을 "열정 영역"이라고 부르는데,

가장 생동감 있고 몰입감을 느끼는 곳이기 때문이다.

- 우리는 두 번째 영역에서 갈등을 겪는다. 우리는 이 영역에서 생각보다 많은 행동을 하지만(이 영역은 우리에게 사각지대가 될 수 있다), 이 영역에 충분히 집중하지 못하거나 때때로 활동에 능숙하지 않은 것처럼 불안감을 느끼기도 한다.

실제로 우리는 그것에 대해 우리가 생각하는 것보다 더 잘할 때가 많으며, 그것은 우리가 생각하는 것만큼 낯설지 않기 때문에 개인적인 성장을 많이 보여줄 수 있는 분야가 될 수 있다. 우리는 이것을 '내적 갈등 영역'이라고 부르는데, 이는 우리가 종종 불편하고 불확실하다고 느끼는 영역이기 때문이다. 마치 사춘기의 연장선상에 있는 영역처럼, 우리는 이 영역에 끌리지만 잘 해내지 못할까 봐 두려워하고 해결되지 않은 문제를 안고 있는 경향이 있다.

- 우리는 일반적으로 세 번째 영역에 무관심하다. 이 영역은 우리에게 큰 관심을 끌지 않는다. 우리는 필요하거나 억지로 해야만 하는 경우가 아니면 그것에 대해 이야기하거나 주의를 기울이지 않는다. 다른 사람들이 이 영역과 관련된 활동에 즐거움은 커녕 전혀 흥미를 느끼지 못한다는 사실이 우리를 당혹스럽게 한다. 우리는 이 영역과 관련된 활동에 능숙하지 않은 경향이 있지만(직업적 기대나 다른 외부 요인으로 인해 강요된 경우가 아니라면), 일반적으로 이에 대한 불안이나 걱정은 거의 보이지 않는다. 우리는 이 영역에서 유능하지 않다고 느끼지만 대개는 중요하지 않다고 생각하기 때문에 신경 쓰지 않는다. 그러나 때때로 우리가 개발하지 못한 이 영역의 삶의 측면에 직면해야 할 때 우리의 무능함이 불안감으로 이어질 수 있다. 우리는 이 영역을 "무관심 영역"이라고 부른다.

일반적으로 세 번째 영역에는 거의 관심을 보이지 않지만, 이와 관련된 욕구가 급박할 때—우리 모두 하루 종일 아무것도 먹지 않았다는 사실을 깨닫게 되면 보존자가 되지만—그것은 큰 초점이 되지만, 이러한 근본적인 욕구가 충족되면 다시 지배적인 영역에 집중하게 된다는 점에 유의하는 것이 중요하다.

우리는 필요에 따라 각 영역을 사용하지만, 때때로 두 번째와 세 번째 영역을 사용하여 지배적인 영역에서의 안전감을 강화하기도 한다. 예를 들어, 전파자는 그 영역에서 해결해야 할 문제가 발생할 때 보존적이고 탐색적인 영역에 더 집중하거나, 더 효과적인 전파자가 되기 위해 이들 영역을 활용할 수 있다.

우리는 또한 각 영역의 표현에 예측 가능한 패턴이 있다는 것을 발견했다. 그 패턴은 다음과 같이 나타난다.

- 보존자는 자신이 생각하는 것보다 더 많은 탐색 행동을 표현하며(종종 내적 스트레스나 양가감정을 경험하기도 하지만), 대개 보존 욕구를 직간접적으로 지원하면서 탐색 행동을 표현한다. 예를 들어, 이들은 지지 네트워크 역할을 하는 소수의 친한 친구를 확보하지만, 그 인원 수가 많아져 유지하는 데 많은 노력이 필요하게 되지는 않도록 한다. 이들은 전파 영역에는 관심이 거의 없는 것처럼 보이지만, 표현할 때는 보존을 지지하는 방식으로 하는 경향이 있다.

- 탐색자는 자신이 인식하는 것보다 더 많이 전파적인 영역을 표현할 수 있지만, 종종 내적인 스트레스나 양면성을 경험하며, 그 표현은 대개 탐색적인 욕구를 지원하는 방식으로 나타난다. 예를 들어, 그들은 관심을 좋아하고, 자신이 무시당하거나 그룹 내에서 자신의 위치나 지위가 떨어진다고 느낄 때 어색하게 그 관심을 추구할 수 있다. 그들은 보존적인 영역에 대해 관심을 잘 표

현하지 않지만, 그것이 자신이 탐색하는 데 도움이 될 경우에만 그렇게 한다.

- 전파자는 자신이 생각하는 것보다 더 많이 보존 영역을 표현하며, 종종 다른 사람들이 2차 영역에서 경험하는 것과 동일한 내적 스트레스나 양면성을 경험한다. 예를 들어, 그들은 자신의 다이어트와 운동 습관이나 부족함, 집 등과 같은 주제에 대해 이야기하면서 대화를 지배하는 동시에 매력적인 부족함이나 자기비하의 느낌을 표현한다. 그리고 그들이 종종 '사회적' 영역을 자신들의 '우선순위'에서 두 번째로 여긴다고 생각하지만, 실제로는 그것이 자신이 전파하려는 성향을 지원하는 방식 외에는 탐색적인 영역에 대한 관심을 거의 보이지 않는다.

이러한 패턴은 아래 표에 나와 있다.

열정 영역	내적 갈등 영역	무관심 영역
보존	탐색	전파
탐색	전파	보존
전파	보존	탐색

리더십과 본능 편향

일반적으로 사람들은 그 영역에 집중하는 경향이 있더라도 자신이 지배적인 영역에서 요구되는 필요를 해결하는 데 반드시 능숙하지는 않다. 예를 들어, 한 탐색자는 탐색에 대해 많은 시간을 생각하거나 시도할 수 있지만, 꼭 "탐색을 잘 한다"고 말할 수는 없다. 하지만 리더들은 대개 효과적인 사람들이기 때문에 리더의 자리로 올라가며, 그들은 일반적으로 자신이 지배하는 영역에서 매우 효과적이다. 이로 인해 그 영역이 때때로 지나치게 강조된 강점이 되기도 한다.

보존 리더(Preserving Leader)

보존 리더는 비즈니스 및 조직의 토대가 되는 기본적인 문제에 관심을 갖는 경향이 있다. 이들은 일반적으로 더 신중하고 보수적이며 위험을 회피하는 경향이 있다.

그들은 행정적인 문제가 잘 정리되어 있고 절차대로 잘 진행되고 있는지를 확인하고자 하는 경향이 있다. 또한, 변화나 새로운 방식에 저항감을 가질 수 있으며, 종종 새로운 아이디어에 이의를 제기하는 '악마의 변호인' 역할을 하기를 좋아한다.

그들은 대체로 위험을 감수한 실험보다는 전통을 선호하는 편이다. 이러한 성향 덕분에 안정성과 질서를 필요로 하는 조직에서는 훌륭한 리더가 될 수 있다. 하지만 단점으로는 변화를 지나치게 거부하거나 보수적이고 전통에 얽매이는 경향이 있어, 빠르게 변화하는 환경에서는 어려움을 겪을 수도 있다.

보존 리더는 종종 자신의 무관심 영역과 관련된 리더십 행동, 즉 일반적으로 전파 리더가 중점을 두는 리더십 역량을 소홀히 하는 경우가 많다. 이들은 절제되고 보수적인 경향이 있으며, 영감에 소홀할 정도로 프로세스에 집중하는 경향이 있다. 이들은 리더십의 '판매' 요소를 소홀히 하여 마케팅과 영업 또는 조직의 비전에 충분히 집중하지 못할 수 있다. 이들은 종종 적응의 탐색 영역에서 다루는 욕구에 대해 양가적이고 갈등을 겪는다. 그들은 조직 내 정치적 요소를 어느 정도 받아들일 수는 있지만, 이를 불쾌한 곁가지로 여기는 경우가 많다. 또한, '현장 관리'나 팀원들과 소통하며 감정적 분위기를 파악하는 것의 가치를 이해할 수도 있지만, 종종 이를 소홀히 할 이유를 찾곤 한다.

일반적인 리더십의 강점은 다음과 같다.

- 구조, 프로세스, 그리고 절차 등 기본요소의 조직화에 뛰어남.
- 세부사항에 대한 주의력이 좋음.
- 프로세스와 절차에 집중함.
- 신중하고 보수적이며, 위험한 실험보다는 검증된 방법을 선호함.
- 잠재적인 문제와 위험 요소를 예측하는 능력.
- 새로운 아이디어에 이의를 제기하는 '악마의 변호인' 역할을 할 수 있는 능력.
- '안전한 둥지'를 지키는 데 능숙하며, 자신 뿐만 아니라 동료와 부하 직원의 안전성을 보장하는 역할을 함.

잠재적인 리더십 취약점은 다음과 같다.

- 자신을 드러내는 것을 자제하며, 돋보이는 능력이나 카리스마(군중 속에서 두드러지는 능력, 자신을 홍보하고 정당한 인정을 받는 능력)를 간과할 수도 있음.
- 안전이나 전통을 유지하기 위해 지나치게 위험을 회피하며, 변화나 새로운 방식에 저항하는 경향이 있음.
- 자기 홍보 부족으로 인해 효과적인 경력 관리가 어려울 수 있음.
- 네트워킹 능력이 부족할 가능성이 있음.
- 안정성과 질서를 필요로 하는 조직에서는 편안함을 느끼지만, 빠르게 변화하는 환경에서는 어려움을 겪을 수 있음.

탐색 리더(Navigating Leader)

탐색 리더는 그룹의 역동성과 대인 커뮤니케이션과 같은 문제에 관심이 많다. 이들은 그룹의 상태 변화를 추적하고, 조직 정치에 민감하게 반응하며, 장애물을 극복하기 위해 어떤 지렛대를 당겨야 하는지 직관적으로 파악하는 경향이 있다. 본능으로 그룹의 맥박을 읽고 사기를 평가하며 누가 밀고 나가야 하는지, 누가 육성되어야 하는지, 누가 영향력 있는 사람인지 파악할 수 있다. 이들은 조직 내 다양한 구성원의 요구를 파악하고 충족시킬 수 있는 방법을 찾는 데 능숙한 경향이 있다. 탐색 리더는 팀이 정체성을 형성하고 협력 방식을 찾아가는 형성(forming) 단계에서 강점을 발휘하는 경향이 있다. 그러나 이들은 그룹의 정치적 역학 관계에 지나치게 집중하여 조직의 궁극적인 비즈니스 목표보다 정치에 더 많은 시간을 할애할 수 있다.

탐색 리더는 종종 자신들의 무관심 영역에 해당하는 활동 즉 안전한 보존 적응 활동을 간과하는 경향이 있다. 프로세스를 적절히 평가하거나 따르지 않고, 회사의 경쟁력에 대한 위협을 간과하며, 더 큰 문제의 징후가 될 수 있는 세부 사항을 무시할 수 있다. 이솝 우화에서처럼 겨울을 준비하는 절약형 개미보다는 햇살을 즐기며 수다를 떨고 싶어 하는 메뚜기가 될 수 있다. 이들은 종종 전파 리더십 영역에서 갈등을 겪는다. 이들은 빛을 발하고 싶지만 자신의 재능에 너무 많은 관심을 끄는 것을 주저하고, 회사의(또는 자신의) 비전을 추진하고 싶지만 그로 인한 정치적 영향에 대해 지나치게 걱정할 수 있다.

일반적인 리더십의 강점은 다음과 같다.

- 사회적 인맥형성과 대인관계에 능숙함(사람들과 함께 있고 그들에 대해 더 많이 알고 싶어함).
- 다른 사람들과 협업 관계를 구축하는 데 능숙함.
- 조직 내 정치에 민감함(잘 맞춤).
- 그룹의 분위기를 직관적으로 파악하고, 합의를 이끌어내며, 누구를 밀고, 누구를 돌봐야 하는지, 그리고 영향력이 있는 사람이 누구인지 아는 능력.
- 팀 역학 관계의 '형성(forming)' 단계, 즉 그룹의 정체성과 함께 일하는 방식을 찾는 단계에 적합함.
- 다양한 관점을 볼 수 있고 큰 그림에 집중하면서 공감대를 형성하는 데 도움을 줌.

잠재적인 리더십 취약점은 다음과 같다.

- 조직의 가십과 정치적 음모에 지나치게 관심이 많을 수 있음.
- 다른 사람과 자신을 비교하는 데 너무 집중할 수 있음.
- 세부 사항에 대한 주의력과 관리 능력이 부족할 수 있음.
- 개인 간의 어려운 상호작용이나 인사 결정을 처리하는 데 덜 편안함을 느낌(예. 저조한 성과 다루기, 해고, 질책).
- 일반적으로 프로세스나 절차에 관심이 없음.
- 자신을 홍보하는 방법에 대한 안내가 필요할 수 있음.

전파 리더(Transmitting Leader)

전파 리더는 종종 카리스마가 넘치고 대담하다. 이들은 목표나 비전을 명확히 제시하고 다른 사람들을 움직이게 하는 데 능숙하며, 필요에 따라 누군가를 유혹하고 누군가를 몰아붙이는 데 능숙하다. 이들은 시장과 고객의 마음을 직관적으로 이해하고 제품, 회사 또는 꿈에 대해 설득력 있는 판매자이다. 이들은 경쟁심이 강할 수 있으며 종종 그룹의 알파 리더이기도 한다. 전파 리더는 조직을 결집할 수 있는 영감을 줄 수 있다. 그래서 비전을 제시해야 하는 비즈니스 창업 단계에 적합한 경향이 있다. 단점으로는 이러한 리더의 전파 충동으로 인해 자신과 자신의 업적, 바람직한 자질에 지나치게 집중하게 될 수 있다.

전파 리더는 외향적이고 '사교적'인 것처럼 보이지만, 일반적으로 탐색 영역(전파자의 무관심 영역)에서 지원하는 리더십 의무를 소홀히 한다. 이들은 자신의 의제를 직접적이고 즉각적으로 추진하는 데 필요한 시간 외에 가십이나 조직 정치에 시간을 할애할 여유가 거의 없다. 이들의 사회적 상호작용은 대개 거래적이며, 필요할 때 자신의 아이디어를 어필하고 판매하는 명확한 목적을 가지고 있지만, 일반적으로 경청을 잘하지 않으며 사교적인 잡담을 듣는 데 금방 지쳐버린다. 보존 영역에서 갈등을 겪는 이들은 목표를 달성하는 데 필요한 자원을 축적하고 편안하고 안락하게 지내고 싶어 하지만, 필요한 만큼만 확보하는 것이 아니라 파이 전체를 얻으려는 무모한 태도를 보이기도 하며 보수성이 요구될 때는 적절히 보수적인 태도를 취하는 것을 잊어버리기도 한다.

일반적인 리더십의 강점은 다음과 같다.

- 돋보이는 능력이 있어 자신과 제품을 잘 표현하고 홍보하며, 종종 판매에 강함.
- 종종 카리스마가 넘치고, 대담하며, 외향적임.
- 목표나 비전을 잘 표현하고, 이를 향해 다른 사람들을 이끌어 가는 능력, 필요한 경우 일부는 유혹하고 일부는 이끌어 가는 능력.

- 시장과 고객의 마음을 직관적으로 이해하며, 제품, 회사 또는 꿈을 설득력 있게 판매함.
- 고객, 채널 파트너 및 전략적 제휴사와의 관계 구축에 능숙함.
- 짧지만 강렬한 순간 동안 한 사람에게 집중할 수 있으며, 그 사람에게 딱 맞는 말을 찾아서 마치 그 사람이 방 안에서 유일한 사람인 것처럼 느끼게 만들 수 있음.

잠재적인 리더십 취약점은 다음과 같다.

- 대화와 관계를 지배할 위험이 있음.
- 처음의 매력과 아첨이 지나면 자신에게 초점을 맞추고 계속 그 상태를 유지할 수 있음.
- 그룹의 욕구보다 자신의 의제에 더 집중하는 것처럼 보일 수 있음(종종 그룹이 자신이 원하는 것을 원한다고 믿음).
- 미묘한 대인 관계의 역학에 적응하지 못하는 경우가 많음.
- 집단 역학, 사회적 응집력 등을 소홀히 할 수 있음.
- 자신이 다른 사람들에게 실제로 어떻게 인식되는지에 대한 인식이 부족할 수 있음. 듣기보다는 말하는 데 더 능숙하여, 좋은 청자가 아닐 수도 있음.

9가지 전략

SECTION **3**

9가지 전략

세 가지 본능 편향은 "ATA"의 "차원 1"이고, 전략은 "차원 2"이다. 본능 편향은 우리가 중요하게 여기는 것, 즉 우리가 어떤 욕구를 최우선으로 하고, 가장 충족하고 싶은지에 대한 반영이다. 그리고 전략은 그 욕구를 충족하기 위해 우리가 취하는 주된 접근 방식이다.

이제 본능인 편향을 이해했으니 전략에 주목해 보겠다.

이 논의와 관련된 merriam-webster.com의 '전략'에 대한 두 가지 정의가 있다.

1. 목표를 향한 계획이나 전략을 고안하거나 사용하는 기술
2. 진화적 성공을 달성하는 데 중요한 기능을 수행하거나 수행하는 것으로 보이는 적응 또는 적응의 복합체(행동, 신진대사 또는 구조)

인식에서 행동으로의 접근법은 우리의 유형이 두 번째 정의에 의해 이해되는 "전략"에 뿌리를 두고 있으며, 우리는 첫 번째에서 정의된 대로 이 전략을 지속적이고 습관적으로 조정하면서 대부분의 인생을 살아간다고 보는 것이다. 다시 말해, 우리는 특정 전략(우리는 이를 '선호전략'이라고 부름)에 대한 소인을 가지고 태어나며, 그 전략이 세상을 보는 렌즈가 되는 것 같다. 우리는 인생을 살아가면서 그 전략을 뒷받

침하는 감정, 생각, 행동을 계속 반복하고 강화하며, 그것이 습관적인 패턴의 지배적인 주제가 된다.

삶은 어렵고 복잡하다. 우리는 매 순간 여러 가지 도전에 직면하고 있으며, 이러한 도전은 끊임없이 이어진다. 뇌는 수많은 세월에 걸친 진화의 역사 속에서 그러한 도전에 대응하기 위한 지름길(빠른 해결 방법)을 발달시켜 왔다.

그러한 지름길 중 하나는 가능한 한 적은 에너지 소비로 문제를 해결하도록 주제별 접근법을 사용하도록 배우는 것이다. 이 주제별 접근 방식은 우리가 선호하는 에니어그램 전략이다.

뇌는 또한 감정에 의존하여 세상에 대한 우리의 반응을 이끌어 내도록 진화했다. 분노, 슬픔, 수치심, 두려움 등은 문제 해결을 위한 행동을 취하도록 동기를 부여한다. 우리는 스스로를 이성적인 존재라고 생각하고 싶지만, 실제로는 감정 상태에 의해 움직이며, 감정을 정당화하거나 감정이 가리키는 문제를 해결할 수 있는 최선의 방법을 찾기 위해 이성 능력을 사용한다.

의식과 의도는 과도한 칼로리를 소모하지만, 감정에 의해 자동적으로 형성된 무의식적인 습관을 반복하면 에너지를 절약할 수 있으며, 그 에너지는 다른 곳에 사용할 수 있다.

따라서 인간의 기본적인 조건은 마음속 깊은 곳에 자리 잡은 감정에 이끌려 대부분의 시간을 자동 조종 장치에 의존하고, 정말 필요할 때만 주의를 기울이고 의식적으로 행동하는 것이다.

그리고 대부분의 경우 이것은 문제가 되지 않는다. 우리는 이를 닦거나 신발 끈을 묶거나 일상의 단조로운 활동을 할 때마다 완전히 의식할 필요는 없기 때문이다. 중요하지 않은 일에 대해 자동 조종 기능을 사용하면 중요한 일을 위한 정신 에너지를 절약할 수 있다.

또한, 일반적인 상황이나 작업을 생각 없이 자동으로 처리하는 뇌의 습관화 경향은 더 능숙하게 만들고 삶을 능률화 한다. 간단한 예로, 던져지는 모든 공을 잡으려 한다고 상상해 보자.

문제는 때때로 중요한 상황이나 새로운 상황에서도 자동 조종 장치로 해결하려는 습관에 빠져 전략을 능숙하게 적용하지 못한다는 것이다. 또는 더 이상 효과적이지 않은 구식의 전략 정의를 기반으로 운영하기도 한다.

의도적이고 적절하게 행동하는 것이 아니라 습관적이고 비효율적으로 행동할 때 이를 인식하는 법을 배우는 것이 에니어그램이 우리를 준비시키는 작업이다.

자신의 패턴을 이해하고 주의를 기울이는 법을 배우면 자신의 불만, 타인에게 미치는 부정적인 영향 등 문제를 가리키는 신호를 인식하고 필요할 때 자동 조종에서 벗어나 진로를 변경하도록 스스로를 훈련할 수 있다.

어떤 사람들은 우리의 에니어-유형을 악마화 하여 나쁜 것으로 간주하는 경향이 있고, 어떤 사람들은 실제로 에니어-유형에 집착하여 역기능적인 행동을 지속하는 정당화로 사용하기도 하지만, 우리는 이 전략(따라서 에니어-유형)을 가치 중립적인 것으로 본다. 중요한 것은 우리가 그 전략을 적응적으로 활용하여 자신의 행복과 타인의 행복을 증진시키느냐, 아니면 부적응적으로 사용하여 자신과 타인에게 고통을 초래하느냐이다.

고객과 함께 일할 때는 전략에 대한 암묵적이고 부적응적인 정의가 어떻게 마음속에 잘못된 서사(내러티브)를 형성하여 변화에 저항하게 만드는지 파악하도록 한다. 전략에 대한 암묵적인 이해에 대해 재정의하는 방법을 배우면 새로운 행동을 허용하는 새로운 서사를 만들 수 있다. 우리는 이를 "인식에서 행동으로의 전환 프로세스"라고 부른다.

이 프로세스를 자세히 설명하는 것은 이 책의 범위를 벗어나지만('ATA'에서 다루고 있다), 여기서는 이 프로세스가 어떻게 작동하는지에 대한 간단한 예시를 소개한다.

효과적인 경계를 설정하는 데 어려움을 겪는 2유형인 조(Joe)를 상상해 보자. 그는 친구든 연인이든 새로운 사람을 만날 때마다 두 발로 뛰어든다. 그는 항상 상대인 그 사람과 함께 있고, 그 사람을 위해 무언가를 해주고, 그 사람에 대해 모든 것을 알아내고 싶어 한다. 조(Joe)의 강렬함과 관심이 상대방에게 부담스럽게 느껴질 때가 많기 때문에 조(Joe)는 많은 사람들이 자신에게서 멀어지는 것을 느낀다.

그가 '연결된 느낌'이란 다른 사람과 항상 함께 있고 싶다는 의미임을 본능으로 이해하고 있다는 것을 인식하게 되면, 자신의 전략이 실제로 사람들과의 관계를 끊어지게 만든다는 것을 이해하기 시작한다. 그는 연결과 관련된 자신의 이야기를 다시 쓰는 법을 배우고 좋은 경계가 좋은 관계를 만든다는 것을 이해하기 시작한다. 곧 그들과 연결하려는 그의 시도가 그들을 밀어내지 않으므로 관계가 지속된다는 것을 알게 된다. 실제로 조(Joe)는 다른 사람들과의 관계가 개선되는 것을 진정으로 이해하게 되면서 다른 사람들과 적절한 경계를 설정하려는 동기가 점점 더 커진다.

이 접근 방식이 다른 변화 접근 방식과 가장 큰 차이점은 개인의 근본적인 욕구를 거부하도록 유도하기보다는 존중한다는 점이다. 조(joe)에게 (그가 가장 원하는 것을) 연결하려는 노력을 그만두라고 하면 그는 결코 우리의 조언을 따를 수 없을 것이다. 그러나 적절한 경계를 설정함으로써 더 건강한 방식으로 더 많은 사람들과 연결될 수 있다는 것을 조가 이해한다면 조는 변화의 동기를 갖게 될 것이다.

전략을 이해하고 그 전략이 제공하는 서비스(에너지를 절약하고 생활을 간소화하여 삶을 더 편리하게 만드는 것)에 감사해야 한다는 것을 배우는 것이 변화를 위한 첫 번째 단계이다. 그런 다음 우리는 전략에 대한 낡은 이해를 사용하고 있는 경우를 인식하고, 전략과 관련된 서사를 다시 작성하고, 새로운 서사에 맞는 새롭고 효과적인 행동을 통합하는 방법을 배울 수 있다.

9가지 전략과 유형

9가지 유형은 다음과 같다.

- 1유형–완벽함(Perfect)을 느끼기 위한 노력. 완벽함을 느끼고자 하는 욕구는 종종 예의, 명확한 논리, 적절한 행동의 모범이 되는 것을 의미한다. 이들은 규칙과 절차에 집중하며 항상 "옳은 일"을 하고 있는지 확인한다. 완벽하다고 느끼기 위한 노력이 지나치면 비판적이며 위험을 감수하지 않으려 할 수 있다. 스트레스 상황에서, 그들은 즐거워하면 무책임해 질까봐 두려워할 수 있다.

- 2유형–연결됨(Connected)을 느끼기 위한 노력. 연결됨을 느끼고자 하는 욕구는 이들이 종종 이타적이고, 배려심 많으며, 양육적인 성향을 가지게 만든다. 다른 사람들이 자신의 필요를 충족하도록 돕는 데 집중하며 쉽게 친밀감을 형성하고 다른 사람들과 공통된 유대감을 찾는 것을 즐긴다. 연결감을 느끼기 위해 지나치게 노력하면 자신의 필요를 돌보지 못하고 다른 사람에게 정서적으로 의존하게 될 수 있다. 스트레스 상황에서, 다른 사람과 긴밀하게 연결되지 않으면 고립될까봐 두려워할 수 있다.

- 3유형-탁월함(Outstanding)을 느끼기 위한 노력. 탁월함을 느끼기 위해 노력하는 3유형은 어떤 일을 하든 기준을 뛰어넘고 성공하기 위해 열심히 노력한다. 이들은 생산성에 높은 가치를 두고 어떤 승자라는 이미지를 보여주는 것을 중요하게 생각한다. 탁월함을 느끼기 위해 지나치게 노력하면 주의를 끌기 위해 노력할 수 있으며, 실체보다 이미지를 중요하게 여길 수 있다. 스트레스 상황에서 3유형은 탁월해지기 위해 크게 노력하지 않으면 평범한 사람이 될까 봐 두려워할 수 있다.

- 4유형-독특함(Unique)을 느끼기 위한 노력. 독특함을 느끼고자 하는 욕구는 일반적으로 자신의 삶에 창의적이고 흥미로운 방식으로 접근한다는 것을 의미한다. 우아하고 세련되거나 특이한 사물과 경험에 끌린다. 독특함을 느끼기 위한 노력이 지나치면 오해를 받을 수 있으며, 다른 사람들로부터 멀어지고 고립될 수 있다. 스트레스를 받으면 4유형은 자신의 세계와 경험에 자신만의 특별한 손길을 입히지 않으면 개성이 억압될까 봐 두려워할 수 있다.

- 5유형-분리됨(Detached)을 느끼기 위한 노력. 분리된 느낌을 추구한다는 것은 일반적으로 관찰력이 뛰어나고 논리적이며 대체로 내성적이라는 뜻이다. 문제 해결, 혁신적인 아이디어, 데이터 수집에 집중하는 경향이 있다. 분리된 느낌을 갖기 위해 지나치게 노력하면 자신의 경험과 감정에 둔감해질 수 있다. 5유형은 스트레스를 받을 때 분리되고 방어적인 상태를 유지하지 않으면 통제력을 잃게 될까 봐 두려워할 수 있다.

- 6유형-안전함(Secure)을 느끼기 위한 노력. 안전함을 느끼고자 하는 욕구는 6유형들이 종종 그룹이나 전통과 같이 자신보다 더 큰 무언가를 위해 헌신하게 한다. 이들은 그룹의 복지를 위해 신중하고 책임감 있게 행동하며 보

호한다. 일관성, 전통, 결속력을 유지하는 데 중점을 둔다. 안전함을 느끼기 위해 지나치게 노력하다 보면 높은 성과에 필요한 위험을 감수하지 못하고 평범함에 안주할 수 있다. 스트레스를 받으면 6유형은 경계를 늦추면 위험에 노출될 수 있다고 두려워할 수 있다.

- 7유형-흥분(Excited)을 느끼기 위한 노력. 흥분을 느끼고자 하는 욕구가 강하다는 것은 7유형이 낙천적이고 열정적이며 낙관적이고 호기심이 많다는 것을 의미한다. 이들은 가능성과 선택지에 초점을 맞추고 다른 사람들을 즐겁게 하는 데 집중한다. 흥분을 느끼기 위해 지나치게 노력하면 후속 조치에 실패하고 쉽게 산만해지며 무책임하게 행동할 수 있다. 스트레스를 받으면 7유형은 머릿속을 많은 생각으로 채우지 않으면 무언가를 놓칠까 봐 두려워할 수 있다.

- 8유형-강함(Powerful)을 느끼기 위한 노력. 강력한 힘을 느끼고 싶어 하는 8유형은 주도적으로 행동하는 것을 좋아하는 행동 지향적인 셀프 스타터이다. 이들은 일을 완수하고 방해가 될 수 있는 장애물을 극복하는 데 집중한다. 강하다고 느끼기 위한 노력이 지나치면 다른 사람들이 기대하는 규칙이나 규범을 지키지 않을 수 있으며 행동이 통제되지 않을 수 있다. 스트레스를 받으면 8유형은 타인과 지나치게 연결되거나 자신의 감정을 너무 깊이 경험하면 타인에게 의존하게 될까 봐 두려워할 수 있다.

- 9유형-평화로움(Peaceful)을 느끼기 위한 노력. 평화로움을 느끼고자 하는 욕구는 9유형이 차분하고 유쾌하며 매력적이라는 것을 의미한다. 이들은 자신의 욕구를 최소화하고 타인의 욕구에 집중함으로써 내면의 조화로운 느낌을 유지하는 데 집중한다. 평화로움을 느끼기 위해 지나치게 노력하면 수동

적이 되어 다른 사람이 대신 결정을 내려 주기를 바랄 수 있다. 스트레스 상황에서 이들은 자신을 너무 중시하면 관심을 끌려는 것으로 보일까 봐 두려워할 수 있다.

연결 지점

누구나 일차원적이지 않으며, 우리는 다양한 상황에서 각기 다른 정도로 모든 전략을 사용한다. 하나의 전략이 효과가 없을 때, 우리는 종종 (종종 생각하지 않고) 다른 전략으로 바꾸게 된다. 적어도 일시적으로는 그렇다. 하지만 그 중 하나는 우리에게 "집"처럼 느껴지며, "보통의 나"와 더 비슷하다. 그것은 우리가 지나치게 의존하는 삶의 기본적인 접근 방식이다.

다이어그램의 안쪽 선을 통해 선호하는 전략과 연결되는 지점에 있는 두 가지 전략이 유형 역학에서 특별한 역할을 한다는 것이 우리의 경험이다. 이러한 역학 관계를 이해하면 자신의 성격 스타일을 더욱 깊이 이해할 수 있다. 최상의 컨디션일 때는 자신의 행동과 그 효과를 의도적으로 의식하며 우리에게 제시하는 대로 유연하게 대응하며 살아간다.

그러나 습관적으로 행동하거나 스트레스를 받을 때는 연결 지점의 전략이 특별한 역할을 한다. 즉 우리가 선호하는 전략의 필요성을 충족하고 있다는 감각을 강화하는 역할을 한다. 전통적으로 "스트레스 지점" 또는 "비통합 방향"이라고 불리는 한 지점의 전략은 우리가 선호하는 전략을 지지하거나 "지원"하는 역할을 한다. 동시에 다른 연결 지점에서의 전략은 거부하는 경향이 있으며, 사용하면 큰 이득을 얻을 수 있음에도 불구하고 이를 사용하지 않는 경향이 있다. 이러한 거부는 선호하는 전략에 대한 무의식적인 편견으로 인해 이 전략에 내재된 위험성만 보게 되는 인지적 왜곡에 기반한다.

다음은 한 가지 예이다.

7유형은 흥분(짜릿함)을 느끼기 위해 노력한다. 스트레스를 받거나 고착화된 습관 패턴에 빠져 있을 때, 이들은 종종 1유형의 전략을 사용하며 완벽함을 느끼기 위해 노력한다. 완벽주의적이고, 경직되고, 세부 사항에 집착하는 등의 행동을 보일 수 있다. 이들은 유형이 변하기 때문에 이런 행동을 하는 것이 아니라, 일을 정리하면 안정감이 생겨서 흥분을 느끼게 하는 활동을 추구할 수 있기 때문에 이런 행동을 하는 것이다.

동시에 7유형은 5유형의 전략인 "분리"를 피하려 한다. 7유형이 추구하는 경험과 상호작용은 흥분을 일으키는 것이기 때문에, "분리(초연함)"는 7유형이 추구하고 싶지 않은 것이 된다. 이들은 분리감을 비생산적인 것으로 여기며, 진정으로 원하는 것에서 더 멀어지게 만드는 것으로 여긴다. 심지어 분리와 관련된 감정을 억압하여 인간의 기본적인 욕구를 그림자 속으로 밀어 넣어 왜곡된 형태로 다시 돌아오는 경우가 많다. 7유형은 습관적으로 행동하고 전략에 집착할 때 5유형 지점의 전략과 충돌하게 되는데, 즐거운 것을 놓칠까 봐 두려워하면서도 후퇴하고 재충전해야 할 필요성을 느낀다.

따라서 유형을 생각할 때 단순히 에니어그램의 한 지점에서의 전략에만 집중할 것이 아니라, 그들이 선호하는 전략과 두 연결 지점에서의 전략 간 역동적인 상호작용을 인식해야 한다.

27가지 하위유형

27가지 하위유형

에니어그램의 두 가지 차원인 본능 편향과 전략을 이해하면, 우리는 시스템의 미묘한 차이들을 알게 되고, 타인(혹은 심지어 자신)을 "유형화"하는 것이 생각보다 간단하지 않다는 것을 깨닫게 된다. 안타깝게도 에니어그램에 대한 대부분의 접근 방식은 매우 피상적인데, 이는 저자나 교사가 이 두 가지 차원의 미묘한 상호 작용을 이해하지 못하는 경우가 많기 때문이다. 이러한 무지함은 자주 잘못된 유형화와 고정관념을 낳는다.

때때로 하위유형 요소의 두 가지 차원이 매우 달라 모순된 성격을 유발할 수 있기 때문에 유형의 오류가 발생할 수 있다. 전파9(T9)가 그러한 경우 중 하나인데, 전파 본능 편향은 관심을 끌고 주도적으로 행동하게 만들고, (9유형의)평화를 느끼려는 전략은 자기 비하와 자제력을 유발한다. 따라서 겉으로 일관성 없는 행동을 하기 때문에 사람들을 혼란스럽게 하며, 본능 편향에 집중하여 이를 전략으로 착각하는 사람들에 의해 종종 3유형으로 잘못 분류되기도 한다.

두 차원이 매우 유사한 경우도 있는데, 안정감을 느끼기 위해 노력하는 보존 편향과 6유형의 전략이나, 흥분을 느끼기 위해 노력하는 전파 편향과 7유형의 전략이 좋은 예이다. 이로 인해 많은 보존 영역이 6유형으로 오인되고 많은 전파 편향이 7유형으로 오인된다.

마지막으로, 두 차원이 유사할 경우 해당 하위유형이 종종 유형의 고정관념이 된다. 보존5가 좋은 예이다. 두 차원 모두 내성적이고 내향적인 요소를 가지고 있으며, 보존5는 모든 하위유형 중에서 가장 독립적인 유형이다. 이것이 5유형에 대한 고정관념이 되어 버렸기 때문에, 전파5와 탐색5는 종종 고정관념에 맞지 않아 잘못 유형화되는 경우가 많다.

에니어그램의 두 가지 차원, 즉 본능 편향과 전략은 독립적인 유형학으로서 그 자체로 유용할 수 있지만, 각각은 다른 차원 없이는 한계가 있다. 에니어그램을 진정으로 이해하려면 각 차원을 독립적으로 이해한 다음 이를 결합하여 진정으로 강력한 인간 본성의 모델을 만들어야 한다.

다음 페이지에서는 특히 직장에서 흔히 볼 수 있는 27가지 본능 편향에 대해 설명한다.

완벽한 보존

본능 편향	전략
열정 영역 **보존** 보존1은 이 영역과 관련된 이슈에 집중하는 무의식적인 편향을 가지고 있다.	**선호 전략** **완벽함을 느끼기 위한 노력** 가장 큰 강점이지만 남용할 경우 가장 큰 문제이다.
내적 갈등 영역 **탐색** 보존1은 '탐색'에 관심이 많지만 이 영역에 대해 엇갈린 감정과 그림자 문제를 가지고 있는 경우가 많다.	**지원 전략** **특별함을 느끼기 위한 노력** 1유형은 종종 주변 사람들과 의견이 일치하지 않아도 자신의 신념을 지킬 수 있다. 그렇지만 때로 불필요하게 반대편에 서다가 다른 이들이 그의 독특한 견해를 인정하지 않을 때 상처 받는다.
무관심 영역 **전파** 보존1은 일반적으로 이 영역에 큰 관심을 기울이지 않는다.	**간과 전략** **흥미를 느끼기 위한 노력** 1유형은 종종 조롱하는 투의 미묘한 유머 감각과 삶에 대한 감사를 가지고 있지만, 자아 통제를 잃을까 봐 기쁨과 흥분에 휩싸이는 것을 거부하는 중요한 순간들이 있다.

개요

보존1은 완벽함을 느끼기 위해 노력함으로써 둥지를 틀고 양육하는 역할을 수행한다. 모든 보존과 마찬가지로 자원, 웰빙, 안전, 건강과 관련된 문제에 본능적으로 민감하게 반응한다. 보존1은 에니어그램의 진정한 완벽주의자로, 특히 환경과 관련된 일에 있어서는 모든 일을 정확하게 해내야 한다는 압박감이 크다. 일부 보존1의 경우 업무의 세부 사항(또는 다른 사람의 업무 수행 방식)에 초점을 맞출 수도 있고, 책임감이나 개인 재정 또는 건강 문제에 초점을 맞출 수도 있다. "둥지"의 보안과 질서를 강조하는 경향이 있다. 보존1은 절제되고 자기 통제력이 뛰어나며 보안, 예의, 외모 또는 경력 결정에 있어서는 거의 모험을 하지 않는다. 어떤 일을 하든 비할 데 없이 철저하고 세세한 부분까지 놓치지 않으며 문제나 실수 또는 불일치가 의심되면 아무리 사소한 부분이라도 기꺼이 파헤치려고 한다.

업무수행

보존1이 직장에서 직면하는 가장 큰 어려움은 완벽주의로 인한 마비로 중요한 프로젝트의 완료를 지연시킬 수 있다는 점이다. 이들은 매우 부지런하고 열심히 일하는 경향이 있지만 이러한 마비로 인해 결과가 좋지 않을 수 있다. 동시에 야망이 강하고 스스로 부과한 높은 기준을 충족하기 위해 스스로를 몰아붙이는 경우가 많다. 이들은 개인적인 책임과 의무를 빠르게 받아들이고 다른 사람들도 똑같이 행동하기를 기대한다. 보존1은 일반적으로 자신이 발견한 문제에 대해 자신의 생각을 말할 수 있으며, 문제의 근본 원인을 찾는 데 집요할 수 있다. 가혹하고 비판적인 어조를 취할 수 있지만, 다른 사람보다 자신에게 더 엄격한 편이다.

리더십

보존1은 다른 사람에게 높은 기준과 기대치를 설정하고 일반적으로 직원들의 발전에 관심을 갖지만, 그 관심을 항상 말로 표현하지는 않을 수 있다. 세부 사항에 큰 관심을 기울이고 다른 사람에게도 같은 것을 기대한다.

부하 직원들은 큰 사안에 대한 의사 결정이 상대적으로 느리다는 사실에 불만을 가질 수 있지만, 보존1의 결정 뒤에는 항상 확실한 근거와 철저한 사실 조사가 있다는 것을 알고 있다. 따라서 보존1은 조직 내에서 높은 수준의 신뢰도를 얻고, 다른 리더들이 이들에게서 조언과 지침을 구하는 경우가 많다.

보존1과 함께 일하기

보존1은 철저하고 엄격하게 일하기 위해 노력하지만 비판적으로 보일 수도 있다. 동료들은 이러한 모습이 자신에 대한 높은 부담감과 기대치에서 비롯된 것임을 인식하고 이를 개인적으로 받아들이지 않도록 노력해야 한다. 보존1의 직원을 관리할 때는 단지 문제보다는 잘된 점을 언급하도록 하고, (“완벽”보다는) “충분히 좋음”이 “결코 완성되지 않음”보다 종종 더 완벽할 수 있음을 상기시켜야 한다. 보존1은 해결하기 어려워 보이는 문제를 제시 받고 그 해결책을 실행할 수 있는 강력한 팀이 주어질 때 성공한다.

☑ 혼동될 수 있는 유형 **3유형, 6유형**

▌탐색 1(N1)

완벽한 탐색

본능 편향	전략
열정 영역 **탐색** 탐색1은 이 영역과 관련된 이슈에 집중하는 무의식적인 편향을 가지고 있다.	**선호 전략** **완벽함을 느끼기 위한 노력** 가장 큰 강점이지만 남용할 경우 가장 큰 문제이다.
내적 갈등 영역 **전파** 탐색1은 '전파'에 관심이 많지만 이 영역에 대해 엇갈린 감정과 그림자 문제를 가지고 있는 경우가 많다.	**지원 전략** **특별함을 느끼기 위한 노력** 1유형은 종종 주변 사람들과 의견이 일치하지 않아도 자신의 신념을 지킬 수 있다. 그럴지만 때로 불필요하게 반대편에 서다가 다른 이들이 그의 독특한 견해를 인정하지 않을 때 상처 받는다.
무관심 영역 **보존** 탐색1은 일반적으로 이 영역에 큰 관심을 기울이지 않는다.	**간과 전략** **흥미를 느끼기 위한 노력** 1유형은 종종 조롱하는 투의 미묘한 유머 감각과 삶에 대한 감사를 가지고 있지만, 자아 통제를 잃을까 봐 기쁨과 흥분에 휩싸이는 것을 거부하는 중요한 순간들이 있다.

개요

탐색1은 완벽하다고 느끼기 위해 노력하며 사회적 영역을 탐색한다. 모든 탐색자와 마찬가지로 위계, 정체성, 지위, 집단 관습, 대인 관계

등의 문제에 본능적으로 민감하게 반응한다. 탐색1은 완벽을 추구하는 전략을 통해 이러한 문제에 접근하며, 사회적 상황에서 옳은 일을 하려고 자신에게 압박을 가하고, 좋은 명성을 유지하며, 사회적 실수를 저지르지 않고 자신이 창피해지지 않도록 노력한다. 대인관계에 능숙하고 세련된 경향이 있으며, 일반적으로 하위유형보다 더 쉽게 다가갈 수 있다. 이들은 집단 역학에 매우 민감하며, 자신이 그룹의 구성원들이 사회적 규칙을 따르도록 보장해야 한다고 생각할 수 있다. 이로 인해 다른 사람들의 행동에 대해 비판적인 것처럼 보일 수 있다. 그러나 이러한 집중력 덕분에 그들은 한 사람의 행동이 그룹 전체에 미치는 영향을 잘 이해하고, 모두에게 공정함을 보장하기 위해 그룹에 가장 적합한 행동 기준을 잘 파악할 수 있다.

업무수행

탐색1이 직장에서 직면하는 가장 큰 어려움은 자신과 다른 팀원들에 대한 높은 기대치를 유지하면서 모든 사람을 공정하게 대우해야 한다는 끊임없는 압박을 감당하는 것이다. 보존 편향이 낮기 때문에 탐색1은 세부 사항에 대한 관심과 무관심이 흥미롭게 혼합되어 있다. 프로세스와 구조를 설정하는 데는 관심이 많지만 그 프로세스를 유지 관리하고 구현하는 데는 금방 지루해 하며, 종종 그 일을 다른 사람에게 위임하는 경향이 있다. 대부분의 1유형과 마찬가지로 탐색1은 일반적으로 성취욕이 매우 높으며, 참여와 영향력, 성공을 위해 스스로를 밀어붙인다. 이들은 성공에 있어 능력의 중요성을 잘 알고 있지만, 승진을 위한 관계 구축의 중요성도 잘 알고 있다.

리더십

탐색1은 효과적인 리더가 될 수 있으며 맥클랜드(McClelland)의 세 가지 동기인 친교, 성취, 권력 욕구 모두에서 상대적으로 높은 욕구를 가지고 있다. 이들은 호감을 받고 싶어 하고, 자신의 업적을 인정받고 싶어 하며, 주변 환경에 영향을 미치고 싶어 한다. 실수에 대한 두려움으로 인해 때때로 마비될 수 있지만 일반적으로 균형 잡힌 리더십을 가지고 있다. 이들은 나중에 자신이 지나친 행동을 했는지 의문을 품을지라도 기꺼이 앞으로 나서서 책임을 지려고 한다.

탐색1과 함께 일하기

탐색1의 자신감을 과대평가하기 쉬운데, 이들은 자신에 대한 높은 기대치 때문에 내면에서는 자기 의심을 느끼면서도 매우 침착하고 통제력이 있는 것처럼 보인다. 자신이나 타인에게 너무 가혹한 태도를 보일 때 이를 알아차리지 못할 수 있으므로 이러한 경향을 비판적이지 않은 태도로 주의 깊게 관찰할 수 있도록 도와주는 것이 가장 좋다. 이들이 세부 사항에 더 신경 쓴다고 단정하지 말고, 또한 세부 사항을 위임한 사람들에게 많은 것을 요구한다고 해서 놀라지도 마라.

☑ 혼동될 수 있는 유형 **9유형, 5유형, 2유형**

전파 1(T1)

완벽한 전파

본능 편향	전략
열정 영역 **전파** 전파1은 이 영역과 관련된 문제에 집중하는 무의식적인 편향을 가지고 있다.	**선호 전략** **완벽함을 느끼기 위한 노력** 가장 큰 강점이지만 남용할 경우 가장 큰 문제이다.
내적 갈등 영역 **보존** 전파1은 '보존'에 관심이 많지만 이 영역에 대해 엇갈린 감정과 그늘진 문제를 가지고 있는 경우가 많다.	**지원 전략** **특별함을 느끼기 위한 노력** 1유형은 종종 주변 사람들과 의견이 일치하지 않아도 자신의 신념을 지킬 수 있다. 그렇지만 때로 불필요하게 반대편에 서다가 다른 이들이 그의 독특한 견해를 인정하지 않을 때 상처 받는다.
무관심 영역 **탐색** 전파1은 일반적으로 이 영역에 큰 관심을 기울이지 않는다.	**간과 전략** **흥분을느끼기 위한 노력** 1유형은 종종 조롱하는 투의 미묘한 유머 감각과 삶에 대한 감사를 가지고 있지만, 자아 통제를 잃을까 봐 기쁨과 흥분에 휩싸이는 것을 거부하는 중요한 순간들이 있다.

개요

전파1은 완벽하다고 느끼기 위해 노력하는 전략을 통해 매력과 유대감과 관련된 본능적인 행동을 표현한다. 모든 전파자와 마찬가지로, 이들은 본능적으로 다른 사람들에게 주목받기 위해 자신을 포지셔닝 하는 방법과 영향력을 발휘하는 방법을 이해하는 데 능숙하다. 전파1은 자신의 활동에서 개인적인 엄격함을 발휘하고 항상 "사람 답게 행동해야 한다"는 메시지를 전달함으로써 이러한 목적을 달성한다. 이들의 개인적 우수성에 대한 기준은 매우 높으며, 다른 사람보다 더 뛰어나거나 더 성취했다는 것을 보여주기 위한 것이 아니라 모범적인 인간으로서 결함이 있거나 부족하다는 비판을 받지 않도록 하기 위한 것이다. 이들의 기준은 매우 주관적이고 개인적일 수 있지만, 세상(또는 적어도 자신이 속한 부분)을 지금보다 덜 결함이 있는 곳으로 만드는 방법에 대해 다른 사람들에게 개인적인 모범을 보이는 데 초점을 맞추는 경향이 있다. 그들은 바르게 보이고, 바르게 먹고, 바르게 행동하고, 세상에 영향을 미치기를 원하며, 다른 사람들도 같은 방식으로 행동하기를 원한다. 따라서 전파1은 훌륭한 역할 모델이자 윤리적인 리더가 될 수 있지만, 스트레스를 받을 때는 비판적이고, 위압적이며, 요구 사항이 많아질 수도 있다

업무수행

전파1은 품질과 윤리적 행동의 수호자이다. 이들은 프로세스나 관행에서 최적이 아닌 기존 문제를 발견하고 이를 고치려는 시도에 집착할 수밖에 없다. 다른 사람들에게 많은 것을 기대하며, 다른 사람들이 자신과 같은 결함을 보지 못하면 좌절감을 느낀다. 전파1은 장시간 일하면서 자신과 다른 사람들에게 양질의 작업을 수행할 뿐만 아니라 무슨 일이 있어도 일정에 맞춰 또는 일정보다 앞서 완료해야 한다고 강요한다.

이들은 자신이 올바른 선택과 결정을 내리고 있는지에 대한 내면의 숨겨진 불안과 씨름하지만, 의심을 극복하는 데 도움이 되는 일련의 의사 결정 기준과 규칙이 내면화되어 있기 때문에 일반적으로 이로 인해 마비되지는 않는다. 단점은 일단 결정을 내리면 비판이나 피드백에 개방적이지 않을 수 있고 새로운 방식을 받아들이지 않을 수 있다는 것이다.

리더십

전파1은 최선을 다할 때는 친절하고 관대하며 따뜻한 선생과 멘토가 될 수 있다. 스트레스를 많이 받으면 규칙이나 절차를 따르지 않는 사람들을 경멸하고 엄격하게 대할 수 있다. 변화를 주도하고 품질과 효율성을 개선하는 능력이 뛰어나며 헌신, 직업 윤리, 개인, 팀, 회사 또는 산업이 어떻게 더 나아질 수 있는지 비전을 향하도록 사람들을 고무시키는 능력을 통해 혼란 속에서 질서를 만드는 데 매우 능숙할 수 있다.

전파1과 함께 일하기

전파1의 강도와 끊임없는 개선 요구로 인해 동료들은 비판을 받거나 너무 강하게 밀어붙인다고 느껴 좌절할 수 있다. 또한 전파1이 그들의 말을 듣지 않거나 자신의 관점을 고려하지 않는다고 느낄 수도 있다. 전파1은 다른 사람보다 자신에게 더 엄격하며, 이들의 목표는 사람들이 더 나은 사람이 되도록 돕는 것임을 기억하는 것이 도움이 된다. 전파1은 최고의 컨디션을 유지하고 일이 순조롭게 진행되고 있다고 느낄 때 매우 매력적이고 재미있으며 즐거움을 사랑하는 사람이 될 수 있다. 이들은 사람들이 세상을 개선하려는 충동에 감사를 표하고 그 충동이 단순히 비판이 아닌 열망에서 비롯된 것임을 알 때 번성한다(그리고 이 완한다).

☑ 혼동될 수 있는 유형 **3유형, 8유형, 6유형**

보존 2(P2)

연결된 보존

본능 편향	전략
열정 영역 **보존** 보존2는 이 영역과 관련된 이슈에 집중하는 무의식적인 편향을 가지고 있다.	**선호 전략** **연결됨을 느끼기 위한 노력** 가장 큰 강점이지만 남용할 경우 가장 큰 문제이다.
내적 갈등 영역 **탐색** 보존2는 '탐색'에 관심이 많지만 이 영역에 대해 엇갈린 감정과 그림자 문제를 가지고 있는 경우가 많다.	**지원 전략** **강함을 느끼기 위한 노력** 2유형은 종종 다른 사람들을 위한 강력한 옹호자이자 보호자가 되고 싶어한다. 그러나 때때로 이러한 능력이 과도하게 사용되어 공격적이고 지나치게 감정적이며 타인을 통제하는 모습을 보이기도 한다.
무관심 영역 **전파** 보존2는 일반적으로 이 영역에 큰 관심을 기울이지 않는다.	**간과 전략** **독특함을 느끼기 위한 노력** 2유형은 종종 자신의 진정한 욕구와 생각을 기꺼이 표현하지만, 다른 사람과의 관계를 유지하기 위해 자신의 개성과 욕구를 숨기는 중요한 순간들이 있다.

개요

보존2는 연결감을 느끼기 위해 노력하는 전략을 통해 둥지와 양육과 관련된 본능적인 행동을 표현한다. 모든 보존자와 마찬가지로 자원, 웰빙, 안전, 건강과 관련된 문제에 본능적으로 반응한다. 따라서 보존2는 자신의 욕구에 집중하려는 욕구와 타인과의 유대감을 유지하려는 욕구가 상충하는 상황에 놓이게 되며, 유대감을 유지하기 위해 무언가를 희생해야 한다고 느끼는 경우가 많다. 따라서 보존2는 다른 하위유형에 비해 사회성과 대인관계 지향성이 훨씬 떨어진다. 이들은 일반적으로 교류하는 사람을 신중하게 선택하며, 신뢰할 수 있고 의지할 수 있는 가까운 친구나 가족들과 더 긴밀한 관계를 맺는 경향이 있다. 이는 다른 사람들이 자신에게 요구하는 부담을 줄이기 위한 것이다. 이들은 가까운 관계 속 사람들에게는 지지적이고 헌신적이지만, 동시에 꽤 많은 것을 요구할 수도 있다. 일반적으로 보존2는 호감이 가고 다가가기 쉬우며 타인에게 세심한 관심을 기울이지만, 가까이 둘 사람을 엄격하게 제한하며 탐색2나 전파2보다 빠르게 경계를 세운다.

업무수행

보존2는 일반적으로 열심히 일하고 부지런하며, 자신의 노력이 어떻게 인식되고 있는지에 대해 불안해할 수 있다. 이런 점에서 6유형과 비슷해 보일 수 있으며, 우리가 일반적으로 생각하는 2유형보다 더 눈에 띄는 불안감을 보일 수 있다. 그들은 자신이 잘 해내지 못하면 지지해주는 사람들을 잃고 혼자 남아 취약한 상태가 될 것을 두려워할 수 있다. 보존2는 프로젝트를 완수하려는 강렬한 노력과 업무량에 대한 분노 혹은 좌절 사이에서 흔들릴 수 있으며, 종종 자신이 너무 많은 일을 맡고 있거나 다른 사람에게 이용당하고 있다고 느낄 수 있다. 이로 인해 보존2는 잠시 현실에서 벗어나 자신을 즐겁게 하거나(혹은 가까운 사람들에게 보살핌을 받기를 기대하거나) 충분히 주고받음의 균형이 회복되었다고 느낄 때까지 그 상태에 머무를 수도 있다.

보존2는 종종 '도움 주는' 역할을 맡기도 하지만, 탐색2만큼 정체성의 중심이 되지는 않는다.

리더십

보존2는 기껏해야 마지못해 리더를 맡은 편이며, 직접 앞장서기보다는 리더를 지원하는 역할을 더 선호한다. 다만, 자신이 성장시키고 보살필 수 있지만 부담을 많이 주지 않는 소규모 팀을 이끄는 것은 받아들일 수도 있다. 이러한 제한적인 리더십 역할에서 그들은 매우 훌륭한 코치이자 멘토가 된다. 보존2는 매우 '가족' 지향적인 경향이 있으며 팀에 가족적인 분위기를 조성하지만, 보존2가 팀원들을 돌보는 만큼 팀/가족 구성원들도 보존2를 돌봐야 할 수도 있다.

보존2와 함께 일하기

보존2의 밝고 도움을 주는 모습이 일반적으로 사람들이 접하는 모습이기 때문에, 동료들이 그들의 내성적이고 요구가 많은 면을 보게 되면 혼란스러울 수 있다. 우리 모두와 마찬가지로 보존2도 복잡한 성격이며 이러한 두 가지 성격에는 논리가 있다는 점을 명심하는 것이 도움이 된다. 보존2는 신중하고 자기 보호적인 성향이 강하며, 자신을 보호하는 방법 중 하나는 적어도 표면적으로는 사람들과 관계를 맺는 것이다. 보존2의 조력하는 면은 동료들이 그들에게 지나치게 많은 것을 기대하게 만들 수 있으며, 만약 기대에 대한 솔직한 합의가 이루어지지 않으면 보존2는 불만을 느끼고 동료는 실망하게 될 수 있다.

☑ **혼동될 수 있는 유형** **1유형, 6유형 또는 9유형**

연결된 탐색

본능 편향	전략
열정 영역 **탐색** 탐색2는 이 영역과 관련된 이슈에 집중하는 무의식적인 편향을 가지고 있다.	**선호 전략** **연결됨을 느끼기 위한 노력** 가장 큰 강점이지만 남용할 경우 가장 큰 문제이다.
내적 갈등 영역 **전파** 탐색2는 '전파'에 관심이 많지만 이 영역에 대해 엇갈린 감정과 그림자 문제를 가지고 있는 경우가 많다.	**지원 전략** **강함을 느끼기 위한 노력** 2유형은 종종 다른 사람들을 위한 강력한 옹호자이자 보호자가 되고 싶어한다. 그러나 때때로 이러한 능력이 과도하게 사용되어 공격적이고 지나치게 감정적이며 타인을 통제하는 모습을 보이기도 한다.
무관심 영역 **보존** 탐색2는 일반적으로 이 영역에 큰 관심을 기울이지 않는다.	**간과 전략** **독특함을 느끼기 위한 노력** 2유형은 종종 자신의 진정한 욕구와 생각을 기꺼이 표현하지만, 다른 사람과의 관계를 유지하기 위해 자신의 개성과 욕구를 숨기는 중요한 순간들이 있다.

개요

탐색2는 연결감을 느끼기 위해 노력함으로써 사회적 영역을 탐색한다. 모든 탐색자와 마찬가지로 계층, 정체성, 지위, 집단 관습 및 대인관계 문제에 본능적으로 민감하게 반응한다. 탐색2는 모든 성격유형

중 가장 사교적이며, 외향적이고 표현력이 풍부하며, 정보를 알고 싶어한다. 아첨하는 법을 잘 알고 그룹을 직관적으로 읽고 누가 지위가 높고 누가 그렇지 않은지 파악할 수 있는 뛰어난 네트워커이자 수다쟁이다. 탐색2는 자신이 누구와 연결되어 있는지를 통해 정체감을 느끼기 때문에 커뮤니티 내 유력자와 친해지기 위해 열심히 노력한다. 탐색2는 사람들을 하나로 모으는 것에 자부심을 느끼며, 이러한 사람들이 중요할수록 탐색2는 더 큰 만족감을 느낀다. 따라서 탐색2는 사회적 대의와 그룹에 참여하는 경향이 있으며, 명성이 높을수록 좋지만, 무엇보다도 자신이 속한 커뮤니티나 업계에서 변화를 일으키고 다른 사람들을 위해 세상을 더 나은 곳으로 만들고 진정으로 인정받고 싶어 한다.

업무수행

탐색2는 야망과 추진력이 강하며, 직장에서 뛰어난 성과를 내고자 하는 욕구 때문에 종종 3유형으로 오해를 받기도 한다. 그러나 이러한 야망은 간접적으로 이루어지는 경우가 많으며, 탐색2는 종종 다른 사람에게 힘을 실어주거나 영향력 있는 사람에게 영향을 미치는 사람으로 자신을 포지셔닝 한다. 그들은 개방적이고 다가가기 쉬우며 도움을 주고자 하는 의욕이 넘쳐 보이지만, 그들의 도움은 사람들에 대한 투자로 보이며, 다른 사람들이 그 투자를 고마워하고, 최대한 활용하며, 그 출처를 기억해주기를 기대한다. 이러한 기대치를 충족하면 탐색2가 여러분을 돕기 위해 할 수 있는 일에는 한계가 없지만, 기대치를 충족하지 못하면 문이 굳게 닫히고 탐색2가 여러분을 차단한다.

리더십

탐색2는 일반적으로 왕보다는 킹메이커가 더 편하지만, 올바른 대의나 사명을 위해 매우 효과적인 리더가 될 수 있다. 리더로서 그들은 목표를 달성하기 위해 가능한 모든 힘을 동원하는 데 지칠 줄 모르는 천성적인 힘이 될 수 있다. 이들은 종종 부하 직원의 챔피언이며, 부하 직원이 높은 자리에 오르는 것을 보고 큰 자부심을 느낀다. 이들은 조직의 의제를 발전시키기 위해 사람들과 맺는 능력을 활용하는 데 탁월하다. 동시에 일부 직원을 편애하고 기대에 부응하지 못하거나 탐색2를 충분히 존중하지 않는 부하 직원은 무시하는 함정에 빠질 수 있다.

탐색2와 함께 일하기

탐색2는 매우 사람 중심적이며 인사, 기업 커뮤니케이션, 홍보 등의 역할에서 성공한다. 이들은 봉사하기를 원하지만 복종하는 방식은 원하지 않는다. 이들은 중요한 일을 실현하는 영향력 있는 사람이 되고 싶어 한다. 이들이 최상일 때, 사람들은 그 보살핌과 지원을 소중히 여기고 혜택을 받지만, 탐색2의 매력적이고 밝은 겉모습 뒤에 숨겨진 강인함과 결단력을 보고 깜짝 놀랄 수 있다. 스트레스를 받으면 탐색2는 조직 내에서 파벌을 만들어 누가 자신의 그룹에 속하고 누가 속하지 않는지 모두가 알 수 있도록 할 수 있다.

☑ 혼동될 수 있는 유형 **3유형**

▌전파 2(T2)

연결된 전파

본능 편향	전략
열정 영역 **전파** 전파2는 이 영역과 관련된 이슈에 집중하는 무의식적인 편향을 가지고 있다.	**선호 전략** **연결됨을 느끼기 위한 노력** 가장 큰 강점이지만 남용할 경우 가장 큰 문제이다.
내적 갈등 영역 **보존** 전파2는 '보존'에 관심이 많지만 이 영역에 대해 엇갈린 감정과 그늘진 문제를 가지고 있는 경우가 많다.	**지원 전략** **강함을 느끼기 위한 노력** 2유형은 종종 다른 사람들을 위한 강력한 옹호자이자 보호자가 되고 싶어한다. 그러나 때때로 이러한 능력이 과도하게 사용되어 공격적이고 지나치게 감정적이며 타인을 통제하는 모습을 보이기도 한다.
무관심 영역 **탐색** 전파2는 일반적으로 이 영역에 큰 관심을 기울이지 않는다.	**간과 전략** **독특함을 느끼기 위한 노력** 2유형은 종종 자신의 진정한 욕구와 생각을 기꺼이 표현하지만, 다른 사람과의 관계를 유지하기 위해 자신의 개성과 욕구를 숨기는 중요한 순간들이 있다.

개요

전파2는 연결감을 느끼기 위해 노력하는 전략을 통해 매력과 유대감과 관련된 본능적인 행동을 표현한다. 모든 전파자와 마찬가지로, 이들은 본능적으로 다른 사람들에게 주목받기 위해 자신을 포지셔닝하고 영향력을 발휘하는 방법을 이해하는 데 능숙하다. 전파2는 타인과 연결되고자 하는 강렬한 욕구, 즉 전략과 본능 편향이라는 두 가지 성격의 차원을 통해 타인과 합치려는 노력을 통해 이를 달성한다. 따라서 모든 하위유형 중에서 전파2는 다른 사람들과 어떤 형태로든 긴밀한 관계를 맺으려는 가장 강력한 추진력을 가지고 있다. 외향적이고 매력적이며 다른 사람의 필요, 관심사, 감수성에 매우 민감하다. 전파2는 다른 사람을 특별하게 느끼게 하는 재능이 있으며, 상대방이 무엇을 듣고 싶어 하고 인정받고 싶어 하는지에 대한 세밀한 감각을 가지고 있다. 또한 다른 사람에게 깊은 공감을 표현하고 상대방의 기분을 좋게 하기 위해 노력하는 등 감정이 풍부한 사람이다. 그러나 이러한 공감과 연결에 대한 열망은 대상자가 정해져 있을 수 있으며 모든 사람에게 적용되는 것은 아니다. 전파2는 감정적으로 변덕스러울 수 있으며, 특히 자신이 집중하고 있는 사람에게 무시당하거나 인정받지 못한다고 느낄 때 그렇다.

전파2가 적절한 경계를 설정하는 법을 배우면 그들은 주변 사람들에게 영감을 주고 지원하는 훌륭한 챔피언이 된다. 하지만 경계를 잊으면 화를 내고 처벌하려는 성향을 보일 수 있다.

업무수행

전파2는 다른 사람과의 상호작용이 수반되는 역할에서 성공한다. 예를 들어, 전파2의 고정관념인 지원 역할이나 상담사, 치료사, 교사 등 인적 자원 역할에서 잘할 수 있다. 그러나 전파2의 고유한 외향성 덕분에 영업, 홍보, 이벤트 기획 및 조정, 기금 모금 등 외부 대면 기업 역할도 훌륭하게 수행할 수 있다. 이들은 사람들과 소통하고, 다른 사람들에게 봉사하며, 세상에 영향을 미치기를 열망한다. 이들이 대의에 헌신한다면, 그것이 사회적인 것이든 비즈니스 목표든 그 대의를 위한 전사가 되어 목표를 달성하기 위해 지칠 줄 모르고 노력한다. 반대로 전파2는 자신의 역할에 열정을 느끼지 못하면 금방 불안해하고 불만족스러워질 수 있으며, 공식적인 책임 영역 밖에서 더 많은 도움을 주려고 노력하며, 때로는 다른 사람에게 자신을 강요하거나 원하지 않거나 환영받지 못하는 도움, 의견, 조언을 제공할 수도 있다.

리더십

전파2는 최고의 기량을 발휘할 때 열정적이고 영감을 주며 보호하는 리더가 될 수 있다. 이들은 순수한 의지로 또는 구축된 관계를 활용하여 장벽을 돌파할 수 있는 활기찬 에너지의 원천이 될 수 있다. 하지만 최악일때는 강렬하고 불안정하며 까다로운 모습을 보일 수 있다. 일반적으로 이들은 조직 내에서 고객, 동료 또는 상사와 소통하고 만족시키는 활동에 직접 참여하는 것을 포기하지 않으면서도 부하 직원을 지원하는 선수/코치로서 매우 효과적인 경향이 있다.

전파2와 함께 일하기

전파2의 관리자는 전파2가 사람들의 삶을 더 좋게 만들거나 그룹의 목표를 발전시키는 과정에서 세상의 일부분을 재구성하는 데 기여하는 느낌과 연결감을 통해 성장한다는 점을 기억해야 한다. 따라서 전파2가 그런 일을 할 수 있는 기회를 제공해야 한다. 그러나 다른 동료들 중 일부는 전파2의 강한 연결 욕구가 부담스러울 수 있다. 그들은 전파2가 경계를 넘어서고 있다고 느끼거나, 전파2만큼 자신에게도 관심을 기울이거나 도와주어야 한다는 부담을 느낄 수 있다. 이런 경우, 적절한 경계가 최고의 관계의 기초라는 점을 전파2에게 상기시키는 것이 도움이 된다. 또한, 전파2가 지나치게 도와주려 할 때는 그들의 의도를 존중하되, 지나침을 지적해주는 것이 현명하다.

☑ 혼동될 수 있는 유형 **4유형, 8유형**

보존 3(P3)

탁월한 보존

본능 편향	전략
열정 영역 **보존** 보존3은 '보존' 관련 이슈에 무의식적으로 집중하는 경향이 있다.	**선호 전략** **탁월함을 느끼기 위한 노력** 가장 큰 강점이지만 남용할 경우 가장 큰 문제이다.
내적 갈등 영역 **탐색** 보존3은 '탐색'에 끌리지만 대개 이 영역에 대해 엇갈린 감정과 그림자 문제를 가진다.	**지원 전략** **평화로움을 느끼기 위한 노력** 3유형은 대개 차분하고 유능한 태도를 갖추고, 항상 자신의 삶을 통제하고 있는 것처럼 보인다. 그러나 때로 겉으로 보이는 차분함이 스스로 가한 성취의 압박감에 따른 불안을 가리는 가면이다.
무관심 영역 **전파** 보존3는 통상 '전파'에 크게 주의를 기울이지 않는다.	**간과 전략** **안전함을 느끼기 위한 노력** 3유형은 대개 평판에 대한 불필요한 위험을 피할 줄 아는 좋은 전략적 감각을 갖고 있지만, 중요한 순간에 주의 신호를 무시하고 맡은 일을 달성하기 위해 능력 이상으로 무리하는 경우가 있다.

개요

보존3은 탁월함을 느끼기 위해 노력하는 전략을 통해 둥지와 양육과 관련된 본능적인 행동을 표현한다. 모든 보존자와 마찬가지로 자원,

웰빙, 안전, 건강과 관련된 문제에 본능적으로 조율된다. 보존3은 자신이 많은 것을 성취하고 일을 매우 잘 해낸다는 느낌을 통해 내적 가치감을 얻기 때문에 과업 지향성이 매우 높고 적극적인 상태를 유지한다. 이들은 생산적이지 않을 때 불편함을 느끼기 때문에 할 일 목록을 길게 작성하고(머릿속에만 있는 목록일지라도), 할 일 목록에서 항목을 지울 때 큰 기쁨을 느낀다. 보존3는 다른 사람들로부터 인정받기를 원하지만 탐색3이나 전파3만큼 눈에 띄는 이미지 중심적인 인물은 아니다. 일반적으로 겉 모습은 깔끔하고 적절하지만 두드러지게 눈에 띄는 경우는 거의 없다. 대부분의 삶의 영역에서와 마찬가지로 이들은 실용적인 경향이 있으며, 어떻게 하면 일이 효과적이고 효율적으로 되게 할 수 있을 지에 초점을 맞춘다.

보존3은 에니어그램의 전형적인 일중독자로, 모든 일을 끝내기에는 시간이 부족하다고 느끼지만 막상 일을 끝내면 무엇을 해야 할지 잘 모른다.

업무수행

예상한대로, 이들은 생산성에 대한 욕구가 높기 때문에 대부분의 환경에서 이상적인 직원이 될 수 있다. 보존3은 주도성을 발휘하고, 기꺼이 장시간 일하려 하며, 좋은 일을 하고 싶어한다. 겉으로 보기에는 보존3이 자신의 일을 인정받고 싶어 하기 때문에 완벽주의자로 보일 수도 있지만, 실제로는 매우 실용적이며 '완벽'이 반드시 필요하지 않다면 '충분히 괜찮은 수준'에서 만족하는 편이다. 이들은 생산성 때문에 빛나는 스타가 될 수 있지만, 또한 팀플레이어가 되는 것에 어려움을 겪을 수 있다. 이는 스포트라이트를 계속 받아야 하기 때문이 아니라, 다른 사람들이 이들의 속도가 늦어지도록 만든다고 느껴, 자신과 같은 추진력과 업무 윤리를 갖추지 못한 사람들을 기다리는 것보다 직접 일을 하는 것이 더 쉽다고 생각하기 때문이다.

리더십

보존3은 성취지향적이고 성과가 많기 때문에 대개 리더십 지위에 오른다. 성공을 향한 의욕이 강하지만, 보통 자기 비하적인 내면이 있고, 다른 사람들이 성공하기를 진심으로 원한다. 성숙한 보존3는 주변 사람들이 성공하고 그들을 개발하는 데 시간을 투자해야만 자신도 성공할 수 있다는 것을 이해한다. 그러나 일부 보존3는 '개인 기여자 증후군(individual-contributor syndrome)'의 희생양이 되어 단기적으로라도 시간을 절약하기 위해 모든 일을 스스로 한다.

보존3와 함께 일하기

최상의 상태일 때, 보존3는 추진력과 경쟁력이 있기 때문에 함께 일하기 쉽지만, 이들의 경쟁은 동료에 대한 것 보다는 자기 자신, 판매 목표 또는 마감일에 대한 것이다. 하지만 다른 사람의 느린 속도에 좌절감을 느끼고, 업무 완수에 집중하려 노력하다가 스스로를 고립시킬 수 있다. 이들은 업무가 너무 많아서 만나기 어려울 수 있다. 일반적으로 보존3과는 직접적이고 효율적으로 소통하고, 가벼운 담소는 아껴 사무실 밖에서 하는 것이 가장 좋다. 보존3의 관리자는 그들의 업무 윤리를 이용하여 중요한 업무를 많이 맡기고 싶은 유혹을 느낄 수 있지만, 그렇게 하면 위임과 협업을 더 잘하는 방법을 배우지 못하게 되어 장기적으로 보존3의 경력에 해를 끼칠 수 있다.

☑ 혼동될 수 있는 유형 **7유형, 1유형, 5유형**

탐색3(N3)

탁월한 탐색

본능 편향	전략
열정 영역 **탐색** 탐색3은 '탐색' 관련 이슈에 무의식적으로 집중하는 경향이 있다.	**선호 전략** **탁월함을 느끼기 위한 노력** 가장 큰 강점이지만 남용할 경우 가장 큰 문제이다.
내적 갈등 영역 **전파** 탐색3은 '전파'에 끌리지만 대개 이 영역에 대해 엇갈린 감정과 그림자 문제를 가진다.	**지원 전략** **평화로움을 느끼기 위한 노력** 3유형은 대개 차분하고 유능한 태도를 갖추고, 항상 자신의 삶을 통제하고 있는 것처럼 보임. 그러나 때로 겉으로 보이는 차분함이 스스로 가한 성취의 압박감에 따른 불안을 가리는 가면이다.
무관심 영역 **보존** 탐색3은 통상 '보존'에 크게 주의를 기울이지 않는다.	**간과 전략** **안전함을 느끼기 위한 노력** 3유형은 대개 평판에 대한 불필요한 위험을 피할 줄 아는 좋은 전략적 감각을 갖고 있지만, 중요한 순간에 주의 신호를 무시하고 맡은 일을 달성하기 위해 능력 이상으로 무리하는 경우가 있다.

개요

탐색3은 탁월함을 느끼기 위해 노력하며, 사회적 영역을 탐색한다. 모든 탐색자와 마찬가지로 이들은 위계, 정체성, 지위, 집단 관습, 대인 관계 문제에 본능적으로 조율된다. 탐색3은 탁월함을 느끼기 위해 노력하는 전략을 통해 이러한 문제에 접근하며, 다른 사람들에게 사회적 수용과 존경의 본보기로 보이기 위해 최선을 다한다. 이들은 집단 역동을 읽고 사내 정치를 이해하며 꾸준히 인맥을 유지 관리하는데 타고난 재능이 있다. 이들은 어떤 환경에서도 세련되고 품위 있으며, 현재 소속된 집단의 기준에 쉽게 적응한다. 호감이 가고 매력적이지만, 영향력 있는 인물의 기대에 맞추기 위해 조금씩 변해서 카멜레온처럼 보일 수 있다. 이러한 변화 능력은 성공의 열쇠이자 잠재적 족쇄다. 변화하는 시장의 요구에 따라 유동적이고, 적응적이지만 다른 사람들은 이러한 능력을 핵심 가치에 대한 헌신 부족으로 볼 수 있다.

업무수행

아무리 선한 의도라도, 탐색3은 다른 사람들로부터 자신의 동기를 의심받기 쉽다. 탐색3는 매우 세련되고 적응력이 뛰어나며 성공 지향적이기 때문에 사람들은 대개 이들의 동기를 의심한다. 정치적 야망이 과한 것처럼 보여, 사실 그렇지 않음에도 다른 사람들은 이들이 이기적인 의도를 가졌다고 생각한다. 이러한 인식에도 불구하고 탐색3은 다른 사람들보다 더 이기적이지도 덜 이기적이지도 않은 경향이 있으며, 자신의 목표 뿐만 아니라 집단의 목표에 대한 진정한 헌신을 보여줄 수 있을 때 가장 성공할 수 있다. 신호를 읽고 적응하는 능력 또한 탐색3의 성공 요인 중 하나다. 이들은 공식적이든 비공식적이든 마케터로서 뛰어나, 자신과 회사 또는 제품을 다른 사람들이 존경하거나 원하도록 포지셔닝하는 특별한 능력을 갖고 있다.

리더십

탐색3은 대개 훌륭한 리더가 되며, 뛰어난 대인 관계 기술과 야망—자신의 승리, 그리고 다른 사람들과 함께하는 승리—의 조합 덕분에 리더십 위치에 오르는 경우가 많다. 이들은 능숙한 네트워커이며 대개 훌륭한 사내 정치가가 되기도 한다. 이들은 무엇을 말하고 언제 말해야 하는지, 그리고 더 중요한 것은 무엇을 말하지 않아야 하는지를 알고 있다. 그들은 대개 광범위한 유권자에게 어필할 수 있는 메시지를 만들어내는 능력을 가지고 있다. 위에서 언급한 신뢰성 문제를 해결한다면 강력한 네트워크, 메시지 작성 기술, 경쟁력이 결합된 훌륭한 리더가 될 수 있다.

탐색3과 함께 일하기

탐색3은 끊임없이 다른 사람의 신호를 읽고, 그가 명시적으로 표현하지 않으면 어떤 행동이나 조치가 만족스러울지 추측하려고 한다. 따라서 탐색3에게 매우 직접적이고 명확하게 말하는 것이 중요하며, 원하는 것을 잘못 해석할 여지를 주지 않아야 한다. 이들은 명확한 방향을 제시하면 목표를 달성하기 위해 모든 자원을 투자한다. 또한 탐색3은 많은 피드백을 필요로 하므로 언제 잘하고 있는지, 어떻게 하면 더 잘할 수 있는지 알려주어야 한다.

☑ 혼동될 수 있는 유형 **가끔 2유형 또는 9유형**

뛰어난 전파

본능 편향	전략
열정 영역 **전파** 전파3은 '전파' 관련 이슈에 무의식적으로 집중하는 경향이 있다.	**선호 전략** **탁월함을 느끼기 위한 노력** 가장 큰 강점이지만 남용할 경우 가장 큰 문제이다.
내적 갈등 영역 **보존** 전파3은 '보존'에 끌리지만 대개 이 영역에 대해 엇갈린 감정과 그림자 문제를 가진다.	**지원 전략** **평화로움을 느끼기 위한 노력** 3유형은 대개 차분하고 유능한 태도를 갖추고, 항상 자신의 삶을 통제하고 있는 것처럼 보인다. 그러나 때로 겉으로 보이는 차분함이 스스로 가한 성취의 압박감에 따른 불안을 가리는 가면이다.
무관심 영역 **탐색** 전파3은 통상 '탐색'에 크게 주의를 기울이지 않는다.	**간과 전략** **안전함을 느끼기 위한 노력** 3유형은 대개 평판에 대한 불필요한 위험을 피할 줄 아는 좋은 전략적 감각을 갖고 있지만, 중요한 순간에 주의 신호를 무시하고 맡은 일을 달성하기 위해 능력 이상으로 무리하는 경우가 있다.

개요

전파3은 탁월한 사람이 되기 위해 노력하는 전략을 통해 매혹하고 결속하는 본능적 행동을 한다. 모든 전파자와 마찬가지로, 이들은 다른 사람들에게 주목받기 위해 자신을 어떻게 포지셔닝하고 유산을 남기는지를 본능적으로 조율하고 이해한다. 전파3은 개선과 성취를 위해 가차없이 밀어 부쳐 달성한다. 이들은 성취하기 위해 필사적으로 추진하고 자신을 끊임없이 더 강하게 밀어 부친다. 또한 자기 표현에 능통하고, 주어진 환경에서 가장 바람직한 특성을 구현해 낸다. 이들은 성격이 급하고 참을성이 없어, 자신의 노력을 방해하는 사건이나 사람에 쉽게 좌절된다. 전파3은 자신감이 높아 보이지만, 타인의 시선을 매우 신경 쓰며, 타인에게 좋게 인식되지 않는다고 느끼면 그 자신감이 흔들릴 수 있다. 전파3은 대개 노력하지 않아도 매력적인 모습을 보이지만, 이들이 매우 외향적이고 사교적인 것처럼 보이는 동안에도 그러한 노력은 계산적인 것일 수 있다. 이들은 무분별하게 매력을 발산하기보다는 누구를 매료시키고 감동시킬지 계획하는 경우가 많다.

업무수행

이들의 자기 표현 기술은 열정을 가진 다른 분야로 확장하여 해당 직무가 아니더라도 훌륭한 영업 및 마케팅을 수행할 수 있다. 다른 사람들에게 자신감과 열정을 심어주는 데 능숙하다. 전파3은 다른 사람들과 함께 일하는 것을 좋아하지만, 다른 사람들의 느린 속도를 참지 못해 결국 결과를 얻기 위해 팀 외부에서 일하게 될 수도 있다. 성공에 대한 열망으로 인해 주변으로부터 피드백을 받고자 하는 욕구가 높고, 전파3은 자신을 측정할 수 있는 지표를 끊임없이 찾는다. 이로 인해 지나치게 자기를 많이 언급하고(자기참조적), 자기중심적으로 보일 수 있다. 이러한 자기 참조는 다른 사람들의 신뢰를 잃고 지나치게 경쟁적이고 자기 본위적으로 보일 수 있다. 전파3은 대개 이러한 피드백을 받고 놀라므로, 얼마나 자주 자신을 언급하는지 점검하는 것이 좋다.

리더십

전파3은 보통 다른 사람의 성장과 발전을 돕고자 하는 진정한 열망, 즉 "자신이 할 수 있는 모든 것이 되고자 하는" 열망을 보여준다. 하지만 높은 과업 지향과 참을성 부족으로 인해 효과적으로 일을 위임하기보다는 직접 나서서 처리하고자 한다. 또한 코칭과 멘토링보다는 모범을 보여 이끄는 방식에 지나치게 의지하는 경향이 있다. 전파3은 자신의 경청 기술을 과대평가할 수 있으며, 구성원들에게 영감을 주는 반면 그들의 말을 잘 듣지 않아서 좌절감을 안겨 줄 수 있다.

전파3과 함께 일하기

최상의 상태일 때, 전파3은 조직 혹은 팀을 극적으로 더 높은 수준의 성취로 이끌 수 있다. 경쟁이 치열하더라도, 전파3은 통상 다른 사람에게 악의를 품지 않으며 자신의 성공이 다른 사람의 실패에 달려 있다고 느끼지 않는다.

전파3의 추진력이 회사에 좋은지, 아니면 지나쳐서 자신에게만 집중하게 되는지를 구별할 줄 아는 것이 이들과 효과적으로 일하는 요체 중 하나이다. 지속적인 성장과 자기 계발을 위한 도전 기회를 제공할 때 이들의 활용을 극대화될 수 있다.

☑ 혼동될 수 있는 유형 **8유형, 7유형**

보존 4(P4)

독특한 보존

본능 편향	전략
열정 영역 **보존** 보존4는 '보존' 관련 이슈에 무의식적으로 집중하는 경향이 있다.	**선호 전략** **독특함을 느끼기 위한 노력** 가장 큰 강점이지만 남용할 경우 가장 큰 문제이다.
내적 갈등 영역 **탐색** 보존4는 '탐색'에 끌리지만 대개 이 영역에 대해 엇갈린 감정과 그림자 문제를 가진다.	**지원 전략** **연결됨을 느끼기 위한 노력** 4유형은 타인에 대한 공감과 조율의 역량이 특출하고, 도움이 필요한 사람을 아주 세심하게 돌볼 수 있다. 그렇지만 때로 연결하고자 하는 충동이 타인에게 공감과 관심을 요구하는 형태로 나타날 수 있다.
무관심 영역 **전파** 보존4는 통상 '전파'에 크게 주의를 기울이지 않는다.	**간과 전략** **완벽함을 느끼기 위한 노력** 4유형은 대개 자신의 일에 대한 질적 기준과 타인에 대한 기대가 높음, 하지만 중요한 순간에 자신의 내재된 결점(실제든 상상이든)이 어떻게 기준을 충족하지 못하게 하는지에 집중하지 않고, 대신 다른 사람과 동일한 기준을 자신에게 적용하는 것을 소홀히 한다.

개요

보존4는 독특함을 느끼기 위해 노력하는 전략을 통해, 둥지 및 양육과 관련된 본능적인 행동을 표현한다. 모든 보존자와 마찬가지로 자원, 웰빙, 안전, 건강과 관련된 문제에 본능적으로 조율된다. 보존4는 자신이 전형적인 예술가 기질을 갖고 있지 않더라도, 자신의 환경을 하나의 예술 작품으로 보며 미적 감각이 뛰어나다. 이들은 평범하지 않지만 세련되고, 눈에 띄지만 현란하지 않으며, 편안하지만 고상한 자신의 본성이 반영된 주변 환경을 원한다. 이들은 옷차림에 신경 쓰며, 일반적으로 절제되면서도 우아한 복장을 선호한다. 이들은 마치 자기에 대한 감각을 끊임없이 탐구하고, 타인에게서 보이는 바람직하지 않은 특성에 반발하여 자신의 내적·외적 세계를 조합하려는 것처럼 보일 수 있다.

모든 인간은 모순을 가지고 있지만, 보존4는 대개 이러한 모순을 가장 많이 드러낸다. 이들은 일반적으로 강한 의견을 가지고 있지만 그것을 강력하게 옹호하는 데 어려움을 겪을 수 있다. 이들은 때때로 외향적이고 사교적인 모습으로 보이지만, 그 역할에 완전히 편안함을 느끼는 경우는 드물며 곧 자신의 내면 세계로 물러나려 한다. 이들은 상황에 대한 자신의 감정을 주기적으로 점검하거나, 특히 자신의 독창적 기여가 제대로 인정 받지 못한다고 느낄 때 이러한 방식으로 물러나곤 한다.

업무수행

보존4는 대개 부지런하고 열심히 일하며 일처리가 꼼꼼하지만, 곧바로 주어진 상황에 대해 어떻게 느끼는지 파악하기 위해 조용히 물러나 자기 성찰을 한다. 이들은 대개 자신의 일에 자신의 표식을 남기고 싶어 하며, 이들의 창의력은 혁신적이기보다는 반복적이고 점진적인 경향이 있다. 이들은 한 발 물러서서 평가할 필요를 느끼는데, 왜냐면 대부분의 보존자와 마찬가지로 다소 위험 회피적이어서, 변화의 영향과 다른 사람들의 변화에 대한 반응을 살피고 평가하는 것을 좋아하기 때문이다. 보존4는 자신의 속도로 일하는 경향이 있으며, 일반적으로 부지런하고 책임감이 강하지만 프로젝트에 완전히 몰입하지 않으면 다른 사람들이 정한 마감일을 맞추기 어려울 수 있다. 보존4에게 직장 생활의 근간은 의미와 진정성, 즉 자신이 하는 일이 세속적이거나 평범한 것이 아니라 영향을 미치고 우아함이라는 내면적 정의를 만족시키는 것이다.

리더십

품질에 주의를 기울이고, 조직에 있어 더 높은 목적 의식을 추구하며, 다른 사람의 성공을 진정으로 원하기 때문에, 최상일 때 보존4는 매우 효과적인 리더가 될 수 있다. 다른 4와 마찬가지로 이들은 주변 세상에 자신의 증표를 남기고 싶어 하며, 타인에게 힘을 실어주는 것이 이를 위한 한 가지 방법임을 인식한다.

그러나 스트레스를 받으면, 보존4는 위축될 수 있고 비판이나 좌절을 너무 개인적인 것으로 받아들이는 경향이 있다. 좌절은 이들의 자신감을 약화시키고 더 주저하고 위험 회피적으로 만들 수 있으며, 이는 보존4가 목표 의식을 회복할 때까지 조직 전체에 파급될 수 있다.

보존4와 함께 일하기

보존4는 친근하게 교류하다가도 자기 성찰을 위해 갑자기 물러나는 모습을 보이기 때문에 동료들을 혼란스럽게 만들 수 있다. 이렇게 물러나는 시기가 지나면 다른 측면이 다시 나타난다는 것을 기억하는 것이 중요하다. 보존4는 안정과 안전, 그리고 혁신의 기회를 필요로 하는데, 이러한 요구는 여러 가지 면에서 서로 상충된다. 이러한 내적 갈등을 해소할 시간과 지원이 있을 때 보존4는 커다란 족적을 남기고자 하며 매우 야심적이다. 반대로, 이들은 누구나 할 수 있다고 생각하는 일상적이고 반복적인 업무에 집중하도록 강요 받으면 어려움을 겪을 수 있다.

☑ 혼동될 수 있는 유형 **1유형, 3유형**

탐색 4(N4)

독특한 탐색

본능 편향	전략
열정 영역 **탐색** 탐색4는 '탐색' 관련 이슈에 무의식적으로 집중하는 경향이 있다.	**선호 전략** **독특함을 느끼기 위한 노력** 가장 큰 강점이지만 남용할 경우 가장 큰 문제이다.
내적 갈등 영역 **전파** 탐색4는 '전파'에 끌리지만 대개 이 영역에 대해 엇갈린 감정과 그림자 문제를 가진다.	**지원 전략** **연결됨을 느끼기 위한 노력** 4유형은 타인에 대한 공감과 조율의 역량이 특출하고, 도움이 필요한 사람을 아주 세심하게 돌볼 수 있다. 그렇지만 때로 연결하고자 하는 충동이 타인에게 공감과 관심을 요구하는 형태로 나타날 수 있다.
무관심 영역 **보존** 탐색4는 통상 '보존'에 크게 주의를 기울이지 않는다.	**간과 전략** **완벽함을 느끼기 위한 노력** 4유형은 대개 자신의 일에 대한 질적 기준과 타인에 대한 기대가 높음. 하지만 중요한 순간에 자신의 내재된 결점(실제든 상상이든)이 어떻게 기준을 충족하지 못하게 하는지에 집중하지 않고, 대신 다른 사람과 동일한 기준을 자신에게 적용하는 것을 소홀히 한다.

개요

탐색4는 독특함을 느끼기 위해 노력함(전략)으로써 사회적 영역을 탐색한다. 모든 탐색자와 마찬가지로 이들은 위계, 정체성, 지위, 집단 관습, 대인 관계 문제에 본능적으로 조율된다. 탐색4는 집단의 다른 사람들과 자신을 끊임없이 비교하는 상태, 그리고 자신만의 독특하고 특별한 특성을 유지하면서 그들과 어울리려는 상태에 끊임없이 사로잡힌다. 본능 편향에 따라 자신이 어떻게 집단에 맞출 수 있을지를 찾지만, 독특함을 느끼고자 하는 전략으로 인해 이들은 그렇게 할 수 있다고 느끼기가 참으로 어렵다. 이러한 내적 갈등으로 인해 이들은 집단의 가장자리에 있다고 느끼고, 집단에 들어가길 원하지만 실제로는 그러지 못한다. 보존4와 전파4는 원하는 것을 얻기 위해 공격적이고 경쟁적인 반면, 탐색4는 그런 성향이 덜하고 자신의 정체성을 찾는 데 더 집중한다. 이들의 부러움은 다른 사람의 성공이나 소유를 겨냥한 것이 아니지만, 그로 인해 다른 사람들이 자신에게는 결여된 자기 정체성을 편안하게 갖고 있는 것처럼 느끼기도 한다. 탐색4는 대개 새로운 정체성, 취미 또는 관심사를 시도하는 것처럼 보이지만 결국에는 그것들에 불만족하고 그 다음으로 넘어간다. 보존4나 전파4에 부족할 수 있는 타인에 대한 개방성과 접근성을 탐색 편향이 만들어 내기 때문에, 탐색4의 변화하는 성향은 사람들로 하여금 7유형과 혼동되게 만들 수 있다.

업무수행

탐색4의 적응하지 못한다는 느낌은 직장 생활에도 적용된다. 게다가, 탐색4는 함께 일하는 사람들-자기보다 훨씬 유능해 보이는-과 자신을 비교하여 자신이 충분히 유능하다고 느끼는데 어려움을 겪는다. 또한 대부분의 직업이 자기자신의 비전보다는 다른 누군가의 비전을 충족시킨다고 여기기 때문에 이들은 다른 사람만큼 자신은 일에 대한 동기 부여가 되지 않는다고 느낄 수 있다. 따라서 일반적 기업 환경은 좀 더 색다르고 기발한 일을 선호하는 탐색4에게 매력적이지 않다. 결국 조직에서 역할을 수행하더라도 다른 사람들보다 덜 헌신적으로 보일 수 있으며, 심지어 일하는 회사에 대해 냉소적일 수 있다. 하지만 회사의 미션과 일치감을 느낄 때 탐색4는 매우 헌신적이며 창의력을 발휘하여 혁신의 원동력이 될 수 있다.

리더십

탐색4는 일반적으로 매우 개인적인(때로는 독특한) 사명감과 관련된 것이 아니라면 소집단 규모 이상의 리더십에는 관심이 없다. 타인에 대해 민감하고 배려심이 많으며 보통 다른 사람들보다 사회성을 의식하지만, 이들은 통상 정체성을 찾고 내면의 진정성을 느끼는 데 너무 관심이 많아서 다른 사람들의 발달적 요구에 지속적으로 초점 맞추기가 어렵다. 탐색4는 많은 관리가 필요하지 않은 독립적 영혼인 '동료 여행자'로 구성된 소규모 팀을 이끌 때 가장 잘할 수 있다.

탐색4와 함께 일하기

미성숙한 탐색4는 자기 중심적이고, '너무 영리적이거나' 진정성이 없어 보이는 타인들을 무시하는 것처럼 보일 수 있지만, 일반적으로 탐색4는 호감이 가고 유쾌한 동료다. 이들은 타인의 차이를 포용하고 다른 사람들, 특히 자신과 어울리지 않는 것처럼 보이는 사람들을 공감한다. 탐색4는 회사가 그들의 재능을 이해하고, 창의력을 발휘하고 다른 사람들과 교류하며 업무에서 자신을 표현할 수 있는 역할에 배치할 때 가장 잘할 수 있다. 동료들은 친절하고 외향적이던 탐색4가 갑자기 내성적으로 변하더라도 놀라지 말아야 하며, 탐색4가 다시 나타나기 전에 자신의 감정을 처리할 시간이 필요하다는 것을 명심해야 한다.

☑ 혼동될 수 있는 유형 **7유형**

전파 4(T4)

독특한 전파

본능 편향	전략
열정 영역 **전파** 전파4는 '전파' 관련 이슈에 무의식적으로 집중하는 경향이 있다.	**선호 전략** **독특함을 느끼기 위한 노력** 가장 큰 강점이지만 남용할 경우 가장 큰 문제이다.
내적 갈등 영역 **보존** 전파4는 '보존'에 끌리지만 대개 이 영역에 대해 엇갈린 감정과 그림자 문제를 가진다.	**지원 전략** **연결됨을 느끼기 위한 노력** 4유형은 타인에 대한 공감과 조율의 역량이 특출하고, 도움이 필요한 사람을 아주 세심하게 돌볼 수 있다. 그렇지만 때로 연결하고자 하는 충동이 타인에게 공감과 관심을 요구하는 형태로 나타날 수 있다.
무관심 영역 **탐색** 전파4는 통상 '탐색'에 크게 주의를 기울이지 않는다.	**간과 전략** **완벽함을 느끼기 위한 노력** 4유형은 대개 자신의 일에 대한 질적 기준과 타인에 대한 기대가 높다, 하지만 중요한 순간에 자신의 내재된 결점(실제든 상상이든)이 어떻게 기준을 충족하지 못하게 하는지에 집중하지 않고, 대신 다른 사람과 동일한 기준을 자신에게 적용하는 것을 소홀히 한다.

개요

전파4는 독특함을 느끼기 위해 노력하는 전략을 통해 매력 및 연결과 관련된 본능적인 행동을 표현한다. 모든 전파와 마찬가지로 이들은 다른 사람들에게 주목받기 위해 자신을 포지셔닝 하는 방법과 영향력을 발휘하는 방법을 이해하는데 본능적으로 조율된다. 전파4는 주로 자신의 특별한 속성을 반영하는 새로운 것을 세상에 내놓는 강렬함과 창의성을 통해 이를 달성한다. 어떤 의미에서 전파4는 자신이 구축하는 비즈니스, 창업하는 조직, 제작하는 예술품, 멘토링 하는 사람 등에서 약간 변형된 버전의 자신을 재현하려고 노력한다. 이들은 대개 강렬하고 추진력이 강한 사람들로, 자신이 창조하고자 하는 것에 대한 명확한 비전을 가지고 있으며, 다른 이들이 그 비전을 공유하든 그렇지 않든 비전을 달성하기 위해 해야만 하는 것을 기꺼이 한다. 이들은 대개 매우 감정적인 사람들로, 깊은 통찰력을 가지고 있지만 그 감수성에 수반되는 고통을 흡수하는 데 어려움을 겪기도 한다. 이들은 특출한 생산성 및 성취의 시기와 타인들로부터 물러나는 깊은 철수의 시기 사이에서 흔들릴 수 있다. 전파4는 자기 표현에 큰 가치를 두며, 세상을 어떻게 더 풍요롭고 흥미롭고 만족스럽게 만들 수 있는가 하는 자신의 비전을 다른 사람들과 나누려는 열망을 갖고 있다.

업무수행

전파4는 자신의 의견이 강하고 비전이 뚜렷하다. 자신의 비전을 공유하지 않는 다른 사람들에게 좌절감을 느끼며, 깊은 감정으로 인해 때때로 매우 불안정해 보일 수 있다. 타인에 대한 기대가 높아 요구가 많을 수 있지만, 타인의 기대가 너무 제한적일 때는 자신의 기분과 직관을 따를 수 있는 자유를 스스로 허용하기도 한다. 이들은 '진정한' 경험을 끊임없이 추구하기 때문에 창의적인 환경에서는 성공할 수 있지만, 주류나 평범한 시도에서는 어려움을 겪을 수 있다. 전파4는 사람, 제품 또는 시스템의 정서적 핵심이 무엇인지 찾고 그 핵심을 직접 경험할 수 있는 방법을 찾고자 한다. 다른 사람들도 같은 경험을 하기를 바라기 때문에 이들은 동료들에게 큰 지지와 동기를 부여할 수 있지만, 다른 사람들이 자신의 열정을 공유하지 않으면 좌절감을 느끼기도 한다.

리더십

전파4는 사람들이 자신의 비전을 공유할 때는 카리스마 있고 영감을 주는 리더가 될 수 있지만, 그렇지 않은 사람들에게는 도전적이고 까다로운 상사가 될 수 있다. 이들은 자신의 비전에 너무 몰두하기 때문에 다른 사람의 피드백을 듣는 것을 거부할 수 있다. 동시에 이들은 대개 다른 사람의 필요를 통찰하고, 깊이 있게 돌보는 양육자이다. 다른 사람의 성공과 번영을 바라며, 사람들이 지지가 필요할 때 놀라운 부드러움을 보여준다. 전파4는 리더 중에서도 가장 다면적이고 모순적인 모습을 보이는데, 한 순간에는 비전에 있어 변덕스럽고 독단적이다가 다음 순간에는 이해심 있고 지지적이다.

전파4와 함께 일하기

전파4는 무엇이 될 수 있는지에 대한 비전을 만들고 추구하고자 하는 욕구가 강하다. 이들이 이러한 기회가 있을 때는 함께 일하기 쉽지만, 그렇지 않을 때는 협업에 어려움을 겪을 수 있다. 우리는 모든 이의 차이를 존중해야 하지만, 전파4는 자신이 대부분의 사람들보다 더 낯설고 '다르다'고 느낀다. 이들은 자신이 다른 사람들과 '같지 않다'는 느낌을 인정받고, 감정을 표현할 충분한 시간이 주어지며, 프로젝트의 방향에 대한 통제감을 가질 때 일을 잘한다. 동료와 관리자는 전파4와 협업하기 어려울 수 있지만 공감 능력, 감수성, 비전 등 많은 재능을 가지고 있을 뿐만 아니라 다른 사람을 특별하게 만들고자 하는 진정한 열망도 가지고 있다는 점을 잘 이해해야 한다.

☑ 혼동될 수 있는 유형 **3유형, 7유형, 8유형, 1유형**

보존 5(P5)

분리된 보존

본능 편향	전략
열정 영역 **보존** 보존5는 '보존' 관련 이슈에 무의식적으로 집중하는 경향이 있다.	**선호 전략** **분리됨을 느끼기 위한 노력** 가장 큰 강점이지만 남용할 경우 가장 큰 문제이다.
내적 갈등 영역 **탐색** 보존5는 '탐색'에 끌리지만 대개 이 영역에 대해 엇갈린 감정과 그림자 문제를 가진다.	**지원 전략** **흥분을 느끼기 위한 노력** 5유형은 대개 세상 특히 삶의 추상적인 요소에 어린아이 같은 경이와 감사를 느낀다. 그러나 때로는 지식과 정보에 대한 열정이 실제 세상과의 상호작용에서 거리를 두게 만든다.
무관심 영역 **전파** 보존5는 통상 '전파'에 크게 주의를 기울이지 않는다.	**간과 전략** **강함을 느끼기 위한 노력** 5유형은 특히 배후에서 '사고' 리더십을 통해 큰 영향력을 발휘할 수 있지만, 중요한 순간에 타인과의 개인적이고 본능적인 교류를 거부하고 자신의 생각과 의견을 고수하여 환경을 변화시킬 기회를 놓친다.

개요

보존5는 분리됨을 느끼기 위해 노력하는 전략을 통해 둥지 및 양육과 관련된 본능적인 행동을 표현한다. 모든 보존자와 마찬가지로 이들은 자원, 웰빙, 안전, 건강과 관련된 문제에 본능적으로 조율된다. 보존5는 자신의 필요를 최소화하는 노력을 통해 내면의 안녕감을 얻는다. 기본적인 필요와 욕구의 충족을 확보하되, 기본을 넘어 지나치지 않게 그리고 너무 많이 떠안아 불필요하게 삶이 복잡해지는 것을 주의한다. 이들은 대개 최소주의자(minimalist)로, 필요 이상으로 소유하거나 책임지는 것을 원하지 않는다. 동시에 자원을 낭비하는 것을 좋아하지 않는데, 이는 나중에 다시 얻기 위해서는 추가적인 노력이 들기 때문이다. 따라서 이들은 최소주의(minimalism)와 언젠가 유용할 물건을 쌓아 두는 비축 사이에서 동요할 수 있다. 이들은 눈에 띄게 감정적이지는 않지만 일반적으로 매우 예민하며 주변에서 일어나는 분열, 혼돈, 극적 사건에 쉽게 압도될 수 있다. 이로 인해 이들은 삶의 안정성과 일관성을 추구하며 일상, 일정, 예측 가능성이 있을 때 성공하는 경향이 있다.

업무수행

보존5는 타인들에게 멀고 이해하기 어려워 보일 수 있지만, 일단 친해지면 따뜻하고 배려하고 세심하다. 하지만 사람들과 거리를 두는 경향이 있어서 보존5와 가까워지는 데는 시간이 오래 걸리고 어려운 경험이 될 수 있다. 이들은 고독, 독립적인 프로젝트, 문제 해결을 즐기지만 사교나 큰 집단과의 협업에는 관심이 적다. 세부와 풀어야할 복잡한 문제에 주의를 기울여야 하는 환경에서 성공할 수 있다. 보존5는 대개 객관적이고 직설적인 지침이 요구되는 자문 역할에 탁월하지만, 정치적 역학 관계, 비판 대상들의 감정에 둔감할 수 있다. 내성적인 성격 때문에 보존5가 야망이 없다고 생각하기 쉽지만(많은 보존5가 야망이 있다), 이들은 단지 시간, 에너지 또는 자원을 어떻게 쓸지에 대해 지극히 선택적일 뿐이다.

리더십

보존5는 효과적인 리더가 될 수 있지만, 독립적이고 자율적인 사람들과 함께 일할 때 가장 효과적이다. 전략적 지형을 파악하고 조직이 나아갈 길을 만드는 데 탁월하지만 다른 사람들에게 영감을 주고 동기를 유발하는 데 어려움을 겪을 수 있다. 다른 이들이 리더나 업무에 대해 정서적으로 연결되고자 하는 욕구를 이들은 대개 과소평가한다. 보존5리더는 피드백이 지나치게 직설적일 수 있다. 그러나 보존5가 리더십의 정서적 측면과 관련하여 스스로 노력한다면 구성원들의 현명하고 지지적인 옹호자가 될 수 있다.

보존5와 함께 일하기

보존5는 혼자 하는 작업이나 휴식 시간을 방해하는 사람들에게 쉽게 좌절감을 느끼며, 대체로 이런 짜증을 잘 숨기지 못한다. 동시에 다른 이들의 기여를 존중할 때조차 긍정적인 감정을 잘 표현하지 못한다. 이 때문에 사람들은 보존5를 불편하게 느낄 수 있다. 이들을 읽는다는 것은 어려운 일이고, 왜냐하면 대개 방해하는 것처럼 느껴지기 때문이다. 하지만 프로젝트에 몰입할 시간과 공간이 주어지면 보존5는 생기를 띠고 실제로 다른 이들에게 따뜻하고 개방적이며 지지적일 수 있다. 보존5와 가까워지는 가장 좋은 방법은 그들에게 많은 공간을 제공하는 것임을 명심하는 것이 좋다.

☑ 혼동될 수 있는 유형 **1유형, 9유형, 6유형**

탐색 5(N5)

분리된 탐색

본능 편향	전략
열정 영역 **탐색** 탐색5는 '탐색' 관련 이슈에 무의식적으로 집중하는 경향이 있다.	**선호 전략** **분리됨을 느끼기 위한 노력** 가장 큰 강점이지만 남용할 경우 가장 큰 문제이다.
내적 갈등 영역 **전파** 탐색5는 '전파'에 끌리지만 대개 이 영역에 대해 엇갈린 감정과 그림자 문제를 가진다.	**지원 전략** **흥분을 느끼기 위한 노력** 5유형은 대개 세상 특히 삶의 추상적인 요소에 어린아이 같은 경이와 감사를 느낀다. 그러나 때로는 지식과 정보에 대한 열정이 실제 세상과의 상호작용에서 거리를 두게 만든다.
무관심 영역 **보존** 탐색5는 통상 '보존'에 크게 주의를 기울이지 않는다.	**간과 전략** **강함을 느끼기 위한 노력** 5유형은 특히 배후에서 '사고' 리더십을 통해 큰 영향력을 발휘할 수 있지만, 중요한 순간에 타인과의 개인적이고 본능적인 교류를 거부하고 자신의 생각과 의견을 고수하여 환경을 변화시킬 기회를 놓친다.

개요

탐색5는 분리됨을 느끼기 위해 노력함으로써 사회적 영역을 탐색한다. 모든 탐색자와 마찬가지로 이들은 위계, 정체성, 지위, 집단 관습,

대인 관계 문제에 본능적으로 조율된다. 탐색5는 이러한 문제를 다룰 때 분리됨을 느끼기 위한 전략을 취하며, 분리와 참여 사이의 미묘한 균형을 유지하려고 노력한다. 이들은 집단에 흥미를 느끼고 이끌리며 그 활동에 참여하기를 원하지만, 참여를 지적으로 하고 조언자 역할을 하는 경향이 있다. 이들은 큰 그림을 그리는 전략적 사고자로, 집단 구성원을 체스판의 말처럼 여기고 항상 세 발자국 앞서 생각한다. 이들은 대개 따뜻하고 재미있으며 조용히 참여하지만 또한 사라지고 멀리 떨어져 있는 것 같다. 이러한 상충되는 욕구—연결하려는 본능 욕구와 분리하려는 전략 욕구—로 인해 다른 이들은 대개 탐색5에게서 모순적인 신호들을 추측하게 된다. 그들은 탐색5의 따뜻한 면에 끌리지만 감정적 거리두기로 인해 혼란스러워 한다.

업무수행

탐색5가 직면하는 가장 큰 어려움은 복잡한 집단과 상호작용하는 일상적이고 잡다한 일들에 관여하면서도 열정을 유지하는 것이다. 이들은 기술적, 조직적, 전략적 풀어야 할 퍼즐을 좋아한다. 이들은 조언자 역할에서, 그리고 느긋이 앉아 사색할 시간이 주어질 때 빛이 난다. 탐색5의 다른 사람을 이해하고 집단 문화의 작동을 파악하는 능력은 과소평가되기 쉽다. 탐색5는 대개 자신의 환경에 영향을 미치고 문화를 형성하고자 하는 강한 추진력을 가지고 있지만, 그것을 실행할 때 얼마나 공개적으로 행동해야 할지에 대해서 갈등을 겪는다. 이들은 대개 자신을 조직의 전략과 문화를 정의하는 중요한 기여자라고 생각하지만, 보통 전략을 실행하고 문화를 형성하는 것은 다른 사람들에게 의존한다.

리더십

탐색5는 대개 비전을 수립하고 판매하는 데 능하고, 리더십에 요구되는 막후의 전략적, 정치적 책략에도 효과적이라는 점에서 성공적인 리더가 될 수 있다. 하지만 이들이 어려움을 겪을 수 있는 부분은 전략과 정치의 일상적인 실행에 있다. 이들은 효과적인 리더십을 위해 필요한 매일매일의 집단 관리와 육성을 피곤하고 따분하게 여긴다.

탐색5와 함께 일하기

탐색5의 이중적인 성격, 즉 한 순간에는 개방적이고 친근하게 보이다가도 다음 순간에는 거리를 두는 경향이 있다는 점을 이해하고 이들에 대한 기대치를 조정하는 것이 중요하다. 영민한 리더는 탐색5를 조언자나 아이디어검토자(공명판)로 신속하게 활용한다. 하지만 탐색5가 무엇이 필요한지를 이해하고 다른 사람들을 비전으로 고무시킬 수 있다고 해서 반드시 비전을 효과적으로 실행할 수 있는 것은 아니라는 점을 이해해야 한다.

☑ 혼동될 수 있는 유형 **9유형**

전파 5(T5)

분리된 전파

본능 편향	전략
열정 영역 **전파** 전파5는 '전파' 관련 이슈에 무의식적으로 집중하는 경향이 있다.	**선호 전략** **분리됨을 느끼기 위한 노력** 가장 큰 강점이지만 남용할 경우 가장 큰 문제이다.
내적 갈등 영역 **보존** 전파5는 '보존'에 끌리지만 대개 이 영역에 대해 엇갈린 감정과 그림자 문제를 가진다.	**지원 전략** **흥분을 느끼기 위한 노력** 5유형은 대개 세상 특히 삶의 추상적인 요소에 어린아이 같은 경이와 감사를 느낀다. 그러나 때로는 지식과 정보에 대한 열정이 실제 세상과의 상호작용에서 거리를 두게 만든다.
무관심 영역 **탐색** 전파5는 통상 '탐색'에 크게 주의를 기울이지 않는다.	**간과 전략** **강함을 느끼기 위한 노력** 5유형은 특히 배후에서 '사고' 리더십을 통해 큰 영향력을 발휘할 수 있지만, 중요한 순간에 타인과의 개인적이고 본능적인 교류를 거부하고 자신의 생각과 의견을 고수하여 환경을 변화시킬 기회를 놓친다.

개요

전파5는 분리되기 위해 노력하는 전략을 통해 매력 및 연결과 관련된 본능적인 행동을 표현한다. 모든 전파와 마찬가지로 이들은 다른 사람들에게 주목받기 위해 자신을 포지셔닝 하는 방법과 업적을 남기는 방법을 이해하는데 본능적으로 조율된다. 전파5는 매우 모순적인 성격으로 보일 수 있는데, 이들의 본능 편향은 주장적이고 외향적으로 보이지만, 전략은 감정을 절제하는 것이기 때문이다. 따라서 전파5는 한 순간 흥분하고 외향적으로 보이지만 다음 순간에는 내성적이고 위축된 모습을 보인다. 이들은 다른 사람을 가르치고 정보를 제공하는 것을 좋아하는 '주제 전문가' 역할에 보통 쉽게 빠져든다. '다른 사람을 교육하는' 모드에서는 매우 수다스러울 수 있지만, 그 외의 상황에서는 어색하고 다가가기 어려울 수 있다. 전파5는 대개 관심 분야가 광범위하고 다양한 분야에 대한 깊은 지식의 우물을 가지고 있으며, 비교적 잘 알려지지 않은 주제에 몰입하는 것을 선호하기도 한다. 이들은 보통 이러한 몰입을 고립된 상태로 한 다음, 나타나서는 공유할 청중을 찾으며, 주로 자신과 친밀한 유대를 맺은 선택된 소수에 초점을 맞춘다.

업무수행

전파5는 자신의 분야에서 최첨단에 있고 전문가가 되기를 원하며, 자신의 전문성을 가능한 한 많은 사람들과 공유하고자 한다. 이들은 대개 흡인력 있는 이야기꾼이지만 다른 사람들이 자신의 이야기를 듣는 데 지쳤다는 것을 잘 감지하지 못한다. 상대가 이들에게 무언가를 가르쳐 줄 수 있다고 생각하면 관심을 보이지만, 상대로부터 새롭고 참신한 것을 배울 수 없다고 느끼면 대화를 지배한다. 전파5는 한 가지 주제에 대해 깊이 파고들어 전략적 사고 리더로서 역할을 할 수 있을 때 가장 잘하지만, 자신이 만든 계획을 실행하는 데는 어려움을 겪을 수 있다. 탐구와 지적 발견이 전파5를 동기부여 하지만 이들은 실행에 금방 지루해질 수 있다.

리더십

비전을 실행에 옮기고 빠르게 변화하는 전파5의 주의를 따라잡을 수 있는 유능한 인재들로 둘러싸여 있다면 전파5는 영감을 주는 리더가 될 수 있다. 스트레스를 받으면 전파5는 외향적이고 무감각해질 수 있으며, 지적으로 게으르거나 분노가 많은 사람에게는 인내심이 거의 없다. 아이디어에 대한 토론을 좋아하고 이상이나 비전을 위해 싸울 때 상당히 감정적일 수 있다. 이러한 열정은 자신의 관점을 밀어붙이거나 옹호하지 않으려는 부하 직원을 위협할 수 있다.

전파5와 함께 일하기

최상의 상태일 때, 전파5는 매력적인 미래 비전을 창조하고, 그것으로 다른 사람들을 열광하게 만든다. 그들의 스토리텔링은 눈부시고 열정은 전염성이 강하다. 동료들은 전파5의 이중적인 성격을 받아들이는 법을 배워야 하며, 한 순간에는 외향적일 수 있고 다음 순간에는 내성적일 수 있다는 점을 이해해야 한다. 또한 전파5에게 아이디어를 공유할 수 있는 시간을 주고 비전을 실행할 수 있도록 능숙하게 이끌어 주어야 한다. 또한 모든 사람이 이들만큼의 지적 능력을 가진 것이 아니므로 속도를 늦추고 인내심을 가져야 한다는 점을 전파5에게 상기시키는 것이 유용하다.

☑ 혼동될 수 있는 유형 **6유형, 8유형, 7유형**

안전한 보존

본능 편향	전략
열정 영역 **보존** 보존6는 '보존' 관련 이슈에 무의식적으로 집중하는 경향이 있다.	**선호 전략** **안전함을 느끼기 위한 노력** 가장 큰 강점이지만 남용할 경우 가장 큰 문제이다.
내적 갈등 영역 **탐색** 보존6은 '탐색'에 끌리지만 대개 이 영역에 대해 엇갈린 감정과 그림자 문제를 가진다.	**지원 전략** **탁월함을 느끼기 위한 노력** 6유형은 대개 생산적이고 신뢰할 수 있으며, 집단에서 성취를 이루는 구성원으로서 필요를 발견하고 충족시켜 준다. 하지만 때로는 팀원으로서 제대로 인정받지 못하고 있다고 걱정하며, 다른 사람들이 자신의 기여를 인정하고 감사하도록 만드는 데 집착하기도 한다.
무관심 영역 **전파** 보존6은 통상 '전파'에 크게 주의를 기울이지 않는다.	**간과 전략** **평화로움을 느끼기 위한 노력** 6유형은 대개 다른 사람들이 안전하고 편안하게 느끼도록 노력하고, 자신이 신뢰하는 사람들에 대한 경계를 늦출 수 있지만, 중요한 순간에 재앙을 불러올 것이라는 부당한 의심으로 인해 긴장을 풀고 평화롭게 있지 못한다.

개요

보존6은 안정을 느끼기 위해 노력하는 전략을 통해 둥지 및 양육과 관련된 본능적인 행동을 표현한다. 모든 보존자와 마찬가지로 이들은 자원, 웰빙, 안전, 건강과 관련된 문제에 본능적으로 조율된다. 보존6의 경우 본능 편향과 전략이라는 성격의 두 차원 모두 위험과 위기에 대한 높은 민감성을 갖고 있다. 이로 인해 보존6은 경계심과 주의력이 매우 높아서 항상 위협을 살피고 예방 조치를 취한다. 이는 적합한 환경에서는 매우 가치 있는 특성이지만, 부적합한 환경에서는 다른 이들이 보존6을 겁 많고 부정적인 사람으로 보게 만들 수 있다. 보존6은 대개 매력적이고 따뜻하며 방어적이다. 이들은 대인관계 기술이 뛰어나고 다른 사람과 신뢰를 형성하는 방법을 직관적으로 알고 있다. 하지만 다른 사람에게서 일관성이나 신뢰성이 없거나 숨겨진 동기를 감지하면 금방 반대 입장을 취할 수 있다. 이들은 안정성과 일관성을 만들어내는 공통 기반을 찾기 위해 끊임없이 타인을 살피며 느끼고 있다. 보존6는 소심하고 불안해 보일 수 있지만, 또한 단호하고 끈질기며, 위협의 근원을 해결하는 노력에 있어 대개 대담하다.

업무수행

보존6는 문제를 발견하고 이를 해결하는 노력을 잘 해낸다. 이들은 위험을 파악하고 그것을 완화하는 노력을 활용하는 역할에 탁월하다. 위계질서를 인정하고 권위의 가치를 이해하지만, 이들은 해당 권위의 동기나 능력을 신뢰하지 못하면 금세 반권위주의자가 될 수 있다. 일반적으로 보존6은 부지런하고, 열심히 일하며, 활기차고, 책임감 있고, 충실하다. 이들은 뛰어난 문제 해결자로, 노력, 실수, 불일치를 줄이는 프로세스 개선을 위해 부지런히 일한다. 보존6은 끈질긴 '해결사'이자 개선가이지만 대체로 대담한 창의적 도약을 시도하는 모험가는 아니다. 이들은 수정하고 테스트하고 결과를 측정하고 다시 수정한다. 보존6은 인정과 칭찬―집단에서 자신의 자리가 안전하다는 것을 알 수 있게 해준다―을 좋아하지만, 너무 자주, 너무 쉽게 제공되면 의심할 수 있다. 일반적으로 쉽게 신뢰하지 않기 때문에 다른 사람의 동기를 이해하고 다른 사람의 행동 뒤에 위험이 숨어 있는지 확인하기 위해 항상 노력한다. 심지어 그 행동이 칭찬일지라도 말이다.

리더십

지원 역할을 선호하는 경향이 있지만, 보존6은 열심히 일하고 부지런한 경향으로 인해 리더십 지위에 오를 수 있다. 이들은 대체로 구성원들을 잘 보호하는 경향이 있지만 때로 잘못을 저지르기도 한다. 이들은 직속상사나 다른 권위자를 자신이 보호해야 하는 구성원들에게 일종의 위협으로 간주할 수 있다. 이로 인해 한편으로는 보존6의 구성원들이 조직의 나머지 구성원에게 보이지 않는 존재로 비춰질 수 있다. 동시에 보존6의 보호하려는 시도는 구성원들에게 그들의 승진에 도움을 줄 수 있는 조직 내 상위자와의 관계를 방해하고 차단하는 것처럼 느껴질 수 있다.

보존6과 함께 일하기

동료들은 위협에 대한 보존6의 경계를 부정적이고 비관적인 것으로 인식하기 쉽다. 이들은 심지어 잘될 수 있는 것을 보더라도 잘못될 수 있는 것에 초점을 맞추도록 배선 되어 있다. 이들은 다른 사람을 보호해야 한다는 책임감을 느껴 우려를 나타내는데, 그런 노력이 불평이나 비판으로 비춰질 수 있다. 아이러니하게도 보존6의 우려를 축소하거나 무시하는 것은 이들을 위로하기보다 더 불안하게 만들 수 있다. 위험에 대한 경종이 집단에 귀중한 선물임을 다른 사람들이 이해하고, 낙관적인 면을 상기시키기 전에 보존6의 걱정을 존중해줄 때 이들은 진가를 발휘한다.

☑ 혼동될 수 있는 유형 **1유형, 9유형, 5유형, 7유형**

안전한 탐색

본능 편향	전략
열정 영역 **탐색** 탐색6은 '탐색' 관련 이슈에 무의식적으로 집중하는 경향이 있다.	**선호 전략** **안전함을 느끼기 위한 노력** 가장 큰 강점이지만 남용할 경우 가장 큰 문제이다.
내적 갈등 영역 **전파** 탐색6은 '전파'에 끌리지만 대개 이 영역에 대해 엇갈린 감정과 그림자 문제를 가진다.	**지원 전략** **탁월함을 느끼기 위한 노력** 6유형은 대개 생산적이고 신뢰할 수 있으며, 집단에서 성취를 이루는 구성원으로서 필요를 발견하고 충족시켜 준다. 하지만 때로는 팀원으로서 제대로 인정받지 못하고 있다고 걱정하며, 다른 사람들이 자신의 기여를 인정하고 감사하도록 만드는 데 집착하기도 한다.
무관심 영역 **보존** 탐색6은 통상 '보존'에 크게 주의를 기울이지 않는다.	**간과 전략** **평화로움을 느끼기 위한 노력** 6유형은 대개 다른 사람들이 안전하고 편안하게 느끼도록 노력하고, 자신이 신뢰하는 사람들에 대한 경계를 늦출 수 있지만, 중요한 순간에 재앙을 불러올 것이라는 부당한 의심으로 인해 긴장을 풀고 평화롭게 있지 못한다.

개요

탐색6은 안정감을 느끼기 위해 노력하면서 사회적 영역을 탐색한다. 모든 탐색자와 마찬가지로 이들은 위계, 정체성, 지위, 집단 관습, 대인 관계 문제에 본능적으로 조율된다. 탐색6은 지극히 집단 지향적이다. 또한 친근하고 사교적이며, 대체로 가벼운 유머와 환대를 통해 다른 사람을 편안하게 해주려고 한다. 이들은 무장을 해제하고 자기-비하를 하지만, 이는 눈에 띄지 않으며 위험에서 벗어나는 한 가지 방법이다. 탐색6은 집단에서 안전을 찾고, 대의를 위한 충실한 동지이자 보병이 되어 집단에서 자신의 자리를 유지한다. 이들은 자신에게 기대되는 역할이 무엇인지 알고자 원하고 그 역할을 충족 시키기 위해 열심히 일한다. 또한 집단 내 다른 사람들의 역할을 알고 싶어 하며, 외부인이나 불분명한 의제를 가진 사람들을 의심할 수 있다. 6은 권위에 가장 초점을 두는 유형으로, 자신이 신뢰하는 권위자(공식적이든 비공식적이든)를 의심 없이 옹호하지만 그가 그 신뢰를 위반하는 것처럼 보이면 재빨리 반권위주의자로 돌변할 수 있다.

업무수행

탐색6은 책임감 있고 신뢰할 수 있으며 기대되는 일을 열심히 한다. 동시에 탐색6은 동료들과 어울릴 기회가 생기면 업무에서 쉽게 산만해질 수 있다. 탐색6은 동료들로부터 지속적으로 정보를 모아서, 조직에서 무슨 일이 일어나고 있는지 거의 항상 '알고' 있다. 호감도가 높고 위협적이지 않은 방식으로 다른 사람들과 소통하는 데 능해서, 사람들은 이들과 기꺼이 대화하고 속내를 털어놓는다. 탐색6은 스스로를 집단 결속의 수호자로 여기며 팀의 표명된 목표에 대한 사람들의 헌신을 시험한다. 외부인은 각별한 감시를 받으며, 집단의 의제에서 벗어날 경우 평소 소심해 보이는 탐색6의 놀랄 만한 공격성에 맞닥뜨릴 수 있다.

리더십

탐색6이 리더십을 위해 노력하는 경우는 거의 없지만, 열심히 일하고 헌신하기 때문에 그러한 역할에 임명될 수 있다. 그렇지만 저자세를 유지하여 안전을 도모하는 이들의 욕구가 팀에도 적용될 수 있다. 사내 정치의 갈등 중심에 서게 될까 두려워 팀의 성취를 강조하지 못할 수 있는 것이다. 이들은 지원적이고 보호적인 리더이며 팀이 확실히 주어진 책임을 다하도록 챙기지만, 방향을 제시하기보다는 친근하게 제안하는 것이 더 편안하다. 이로 인해 자신을 책임이 좀더 많은 동료가 아닌 상사로 보는데 어려움을 겪을 수 있으며, 저성과자에게 책임을 묻는 것이 큰 도전일 수 있다.

탐색6과 함께 일하기

탐색6은 리더로부터 투명성과 목표의 명확성이 제공되는 환경에서 뛰어날 수 있다. 탐색6은 자신이 권위자로 여기는 사람의 기대에 부응하고 받아들여지는 것에 대하여 큰 불안을 느끼며, 직장에서 스스로에게 엄청난 압박을 가할 수 있다. 탐색6에게 '권위자'가 항상 상사를 의

미하지는 않으며, 이로 인해 이들은 자신이 중요한 일에 시간과 에너지를 쏟으면서도 정작 해야 할 일을 수행하지 못할 수도 있다. 그러므로 단순히 공식적 권위자보다 비공식적 권위자의 요구를 따르는 것이 보통 반항처럼 보일 수 있는 것이다.

☑ 혼동될 수 있는 유형 **2유형, 7유형**

전파 6(T6)

안전한 전파

본능 편향	전략
열정 영역 **전파** 전파6은 '전파' 관련 이슈에 무의식적으로 집중하는 경향이 있다.	**선호 전략** **안전함을 느끼기 위한 노력** 가장 큰 강점이지만 남용할 경우 가장 큰 문제이다.
내적 갈등 영역 **보존** 전파6은 '보존'에 끌리지만 대개 이 영역에 대해 엇갈린 감정과 그림자 문제를 가진다.	**지원 전략** **탁월함을 느끼기 위한 노력** 6유형은 대개 생산적이고 신뢰할 수 있으며, 집단에서 성취를 이루는 구성원으로서 필요를 발견하고 충족시켜 준다. 하지만 때로는 팀원으로서 제대로 인정받지 못하고 있다고 걱정하며, 다른 사람들이 자신의 기여를 인정하고 감사하도록 만드는 데 집착하기도 한다.
무관심 영역 **탐색** 전파6은 통상 '탐색'에 크게 주의를 기울이지 않는다.	**간과 전략** **평화로움을 느끼기 위한 노력** 6유형은 대개 다른 사람들이 안전하고 편안하게 느끼도록 노력하고, 자신이 신뢰하는 사람들에 대한 경계를 늦출 수 있지만, 중요한 순간에 재앙을 불러올 것이라는 부당한 의심으로 인해 긴장을 풀고 평화롭게 있지 못한다.

개요

전파6은 안전함을 느끼기 위해 노력하는 전략을 통해 매력 및 연결과 관련된 본능적인 행동을 표현한다. 모든 전파와 마찬가지로 이들은 다른 사람들에게 주목받기 위해 자신을 포지셔닝 하는 방법과 영향력을 발휘하는 방법을 이해하는데 본능적으로 조율된다. 전파6은 주장성과 의심 어린 경계를 결합하여 이러한 목적을 달성한다. 즉 자신과 타인에게 자기가 유능하고 능력이 있음을 입증하기 위해 노력하면서 환경의 위험을 시험하고 조사한다. 전파6은 매우 모순적인 하위유형 중 하나로, 매력적이고 주장적이었다가 때로 갑자기 반응적이고 조심스럽게 전환한다.

대체로 이들은 친근하고 개방적이고 호감이 가며 삶에 대한 열정과 에너지가 넘친다. 하지만 이들은 스트레스를 받은 상태에서, 특히 상대방의 의도를 의심하게 되면 공격적이고 전투적으로 변할 수 있다. 전파6은 대개 외향적이며 모르는 이들과도 적극적으로 관계를 맺으려 하는데, 이는 일부는 자신을 전달하려는 욕구에, 또 일부는 상대가 친구인지 적인지 이해하려는 욕구에 기인 한다. 전파6은 높은 에너지와 눈에 띄는 자신감으로 인해 흔히 8이나 3으로 오해 받지만, 이들은 보통 두 유형에서 보이는 것보다 더 많은 불안이 표면 아래에 있다.

업무수행

전파6는 대개 근면하고 야망이 있으며 열심히 일한다.

이들은 활동적인 것을 좋아하고 에너지가 넘치며 다른 사람에게 인정받는 것을 중요하게 생각한다. 따라서 자신의 역량을 발휘하고 기여할 수 있는 기회를 찾는다. 다른 사람에게도 같은 것을 기대하며, 다른 사람이 기여하지 않거나 숨겨진 의도가 있는 것처럼 보이면 쉽게 좌절한다. 이들은 '악마의 변호인' 역할에 탁월하며 모든 계획의 약점이나 잠재적 장애물을 지적하는 데 능하다. 이로 인해 이들은 사물의 단점만 보는 것처럼 보일 수 있으므로 지나치게 비관적으로 보이지 않도록 주의해야 한다. 전파6은 보통 계획속에서 가능성을 보긴 하지만 굳이 언급하지 않는다. 전파6은 매력적이고 카리스마가 있고 반응이 빨라 영업과 같은 고객 대면 업무에서 발군이지만, 사회적 단서를 잘못 해석하거나 읽지 못해 있지도 않은 위협이나 비판을 보기도 한다.

리더십

전파6은 리더십 역할에 매우 효과적일 수 있다. 이들은 활기차고 대개 카리스마가 있으며 주변 세상을 진전시키기를 원한다. 또한 팀을 매우 보호하며 일반적으로 조직과 조직원들에 대한 충성도가 높다. 이들은 경쟁적이고 장시간 근무를 자청하며, 최선을 다해 다른 사람들이 그들 안의 탁월성을 개발하도록 돕는다. 그러나 주의하지 않으면 지나치게 보호적이고 무리를 지을 수 있으며, 자신이나 팀의 경쟁자로 비춰질 수 있는 다른 직원에게 전투적으로 될 수 있다.

전파6과 함께 일하기

전파6의 본능 편향과 전략의 모순적 상호 작용은 이들을 이해하기 어렵게 만들 수 있다. 최상의 상태일 때 이들은 긍정적이고 고무적이며 지원적이지만, 스트레스나 불안을 느낄 땐 화내고 전투적으로 보일 수 있다. 이러한 측면은 단순히 이들이 느끼는 불확실성에 대한 반응이며, 지지와 인내를 통해 긍정적이고 지원적인 성향을 되찾을 수 있다는 점을 기억하는 것이 도움이 된다. 이들은 리더십을 발휘할 기회가 주어지고 다른 부서의 동료들과 효과적으로 교류하는 방법을 코칭 받을 때 뛰어날 수 있다.

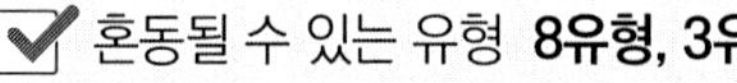

보존 7(P7)

흥분한 보존

본능 편향	전략
열정 영역 **보존** 보존7은 '보존' 관련 이슈에 무의식적으로 집중하는 경향이 있다.	**선호 전략** **흥분을 느끼기 위한 노력** 가장 큰 강점이지만 남용할 경우 가장 큰 문제이다.
내적 갈등 영역 **탐색** 보존7은 '탐색'에 끌리지만 대개 이 영역에 대해 엇갈린 감정과 그림자 문제를 가진다.	**지원 전략** **완벽함을 느끼기 위한 노력** 7유형은 고정관념과 다르게 세부와 품질에 주의를 기울인다. 이로 인해 때때로 경직되거나 타인에게 까다롭게 요구하는데, 특히 자신의 행복에 다른 이들이 방해가 된다고 느낄 때 그러하다.
무관심 영역 **전파** 보존7은 통상 '전파'에 크게 주의를 기울이지 않는다.	**간과 전략** **분리됨을 느끼기 위한 노력** 7유형은 대개 대다수 사람들이 보지 못하는 조용하고 사적인 면을 가지고 있다. 하지만 중요한 순간에 흥미롭고 즐거운 무언가를 놓칠까봐 두려워 자신이 욕망하는 것에서 벗어나거나 집착을 내려놓지 못한다.

개요

보존7은 흥분을 느끼기 위해 노력하는 전략을 통해 둥지 및 양육과 관련된 본능적인 행동을 표현한다. 모든 보존자와 마찬가지로 이들은 자원, 웰빙, 안전, 건강과 관련된 문제에 본능적으로 조율된다. 보존7은 자극이나 즐거움을 주는 환경(집, 사무실 등)과 사물이나 경험을 추구함으로써 내면의 안녕감을 얻는다. 이들은 "단지 ~ 만 하면, 조금 더 나아질 것인데" 라고 생각하며 끊임없이 자신의 둥지를 손본다. 이들은 전략과 본능 편향이 어느 정도 상충하는 성격의 예이다. 흥미를 추구하고 다른 사람을 행복하게 만들고자 하는 욕구는 공적 자리에서 외향적으로 보이게 하지만, 둥지에의 충동은 이들을 내면 깊숙이 내향성을 가진, 그래서 안전영역의 즐거움 속에 혼자 있고 싶어 하게 만든다. 이들은 원기 왕성한 긍정성과 예상치 못한 불편함이나 기대에 못 미친 실망으로 인한 좌절감 사이를 오르내릴 수 있다. 일반적으로 보존7은 유쾌하고 겸손하며 부지런하지만 첫 만남에서 보이는 것보다 대개 더 내성적이다.

업무수행

보존7은 과업 지향이 높고 완벽주의 적일 수 있다. 이들은 대개 목록을 작성하고 완료 업무를 목록에서 지우는 것을 좋아하지만, 특정 활동에 너무 많은 시간을 소비하면 좌절감을 느끼기도 한다. 여기서 다시 이들의 모순적인 면—구조, 프로세스, 규칙을 좋아하면서 동시에 그것에 신경질을 부리고 저항하는—이 보인다. 이들은 매우 품위 있고 매력적이지만 집단 활동보다는 혼자 하는 활동이나 자신이 통제할 수 있는 작업을 선호하는 경향이 있다. 통상 매우 부지런하고 열심히 일하지만, 이들은 자신이 하고 싶은 일을 하고 싶을 때 하는 자유를 유지하기 원한다. 자신이 통제할 수 없는 힘에 의해 지루한 작업에 묶이는 것을 두려워하기 때문에 가능한 한 많은 자율을 추구한다.

리더십

보존7은 다른 사람을 배려하면서도 자신의 자유를 원하기 때문에 리더십이 때때로 짐처럼 느껴질 수 있다. 일부 보존7은 훌륭한 리더가 되기도 하지만, 보통 다른 사람에게 책임을 묻고 인기 없는 결정을 내리는 등 권위에 수반되는 불쾌한 것들을 감당하는 법을 배워야만 될 수 있다. 이들의 리더십은 '낙하산 리더십'으로 간주될 수 있는데, 뛰어들고, 사람들을 격려하고 방향을 제시하고, 그런 다음 다시 뛰어나와 더 흥미로운 일에 집중하는 식이다.

보존7과 함께 일하기

보존7은 태도가 보통 유쾌하고 긍정적이어서, 함께 일하는 것이 매우 즐거울 수 있다. 이들은 주변 사람들을 행복하고 편안하게 만들고자 하는 욕구가 있으며, 이들에게 행복한 이미지를 보여주는 것이 중요하다. 이들은 매우 추진력이 강하고 근면하며 이는 존경할 만한 자질이지만, 불쾌한 상황이나 지루한 활동을 피하기 위해 노력하는 동안 위축되고 사라진 듯 보일 수 있다. 또한 보존7은 보기보다 훨씬 수줍음이 많으며 재충전과 휴식을 위한 공간과 개인 시간이 필요하다는 점을 명심하는 것도 도움이 된다.

☑ 혼동될 수 있는 유형 **6유형, 1유형**

탐색 7(N7)

흥분한 탐색

본능 편향	전략
열정 영역 **탐색** 탐색7은 '탐색' 관련 이슈에 무의식적으로 집중하는 경향이 있다.	**선호 전략** **흥분을 느끼기 위한 노력** 가장 큰 강점이지만 남용할 경우 가장 큰 문제이다.
내적 갈등 영역 **전파** 탐색7은 '전파'에 끌리지만 대개 이 영역에 대해 엇갈린 감정과 그림자 문제를 가진다.	**지원 전략** **완벽함을 느끼기 위한 노력** 7유형은 고정관념과 다르게 세부와 품질에 주의를 기울인다. 이로 인해 때때로 경직되거나 타인에게 까다롭게 요구하는데, 특히 자신의 행복에 다른 이들이 방해가 된다고 느낄 때 그러하다.
무관심 영역 **보존** 탐색7은 통상 '보존'에 크게 주의를 기울이지 않는다.	**간과 전략** **분리됨을 느끼기 위한 노력** 7유형은 대개 대다수 사람들이 보지 못하는 조용하고 사적인 면을 가지고 있다. 하지만 중요한 순간에 흥미롭고 즐거운 무언가를 놓칠까봐 두려워 자신이 욕망하는 것에서 벗어나거나 집착을 내려놓지 못한다.

개요

탐색7은 흥분을 느끼기 위해 노력하면서 사회적 영역을 탐색한다. 모든 탐색자와 마찬가지로 이들은 위계, 정체성, 지위, 집단 관습, 대인 관계 문제에 본능적으로 조율된다. 탐색7은 이러한 문제에 대해 흥미를 추구하고, 다른 사람들과의 상호작용을 통해 자극을 찾는 전략을 통해 접근한다. 탐색7은 편안한 매력과 호감도를 약간의 사회적 절제와 혼합한다. 처음 집단에 들어올 때는 주저할 수 있지만 일단 편안함을 느끼면 대개 수다스럽고 다른 사람에 대해 열린 호기심을 보인다. 말하기를 좋아하지만 호기심이 강하고 다른 사람에 대해 알고 싶어하는 경우가 많기 때문에 질문을 많이 하고 다른 사람들도 참여하도록 유도한다. 세상에 대한 호기심은 여러 방향으로 뻗어 있으며 다양한 주제에 대해 잘 알고 있고 주제에서 주제로 쉽게 넘어갈 수 있다. 이들은 사람들이 자신에 대해 어떻게 생각하는지 매우 의식하는 경향이 있으며, 밝고 가까이 하기 쉬운 가면을 유지하려 노력한다.

업무수행

탐색7이 직면하는 가장 큰 어려움은 일상 업무의 세부적인 것들을 지루해 하지 않는 것이다. 도전과 퍼즐을 좋아하는 경향이 있어서 무언가 새로운 것에 깊이 빠져들고, 적절하게 도전 받으면 장시간 몰입할 수 있다.

하지만 문제를 해결했거나 업무를 숙달했다고 생각하면 금방 지루함을 느낄 수 있다. 신선한 경험을 할 수 있는 역할이나 다른 사람들과의 상호작용이 많은 일을 할 때 진가를 발휘한다. 일반적으로 낙천적이고 유쾌하기 때문에 동료들로부터 호감을 얻지만, 상대적으로 짧은 주의 집중, 세부에 대한 부주의, 잦은 변화 필요로 인해 동료들이 좌절감을 느낄 수 있다.

리더십

탐색7은 매우 영감을 주는 리더가 될 수 있고, 대개 성공에 대한 열망이 강하다. 이들은 집단을 높은 기준과 야심찬 목표에 이르도록 확장한다. 이들은 대체로 '대중 친화성(common touch)'이 있어 조직의 모든 계층 사람들과 쉽게 관계를 맺을 수 있는 것처럼 보인다.

때때로 이들의 목표는 현실적이기보다는 야망적인 것에 더 가깝다. 하지만 이들의 변화에 대한 욕구는 구성원들을 좌절시킬 수 있으므로 그들에 대한 자신의 생각을 너무 빨리 바꾸거나 혹은 방향이나 조직을 너무 충동적으로 바꾸지 않도록 주의해야 한다. 강력한 행정적 지원과 일상적인 실행에 집중할 수 있는 사람들이 있을 때 이들은 리더로서 최고가 될 수 있다.

탐색7과 함께 일하기

탐색7은 접근성과 전염성 있는 낙관주의가 결합되어 함께 일하기 쉬운 경향이 있다. 이들은 인정받기를 원하지만 집단을 지배하거나 명백한 "스타"가 되려는 욕구는 보통 갖고 있지 않다. 이로 인해 팀의 좋은 구성원이 될 수 있는 반면 일이 충분히 빨리 진행되지 않거나 세부 사항에 얽매이거나 프로세스와 규칙에 구속될 때 쉽게 좌절할 수 있다. 이들은 겉으로는 팀플레이를 하는 것처럼 보이지만 자신의 속도대로 일하기 위해 독자적으로 행동하기도 한다.

☑ 혼동될 수 있는 유형 **3유형, 6유형, 9유형, 2유형**

전파 7(T7)

흥분한 전파

본능 편향	전략
열정 영역 **전파**	**선호 전략** **흥분을 느끼기 위한 노력**
전파7은 '전파'관련 이슈에 무의식적으로 집중하는 경향이 있다.	가장 큰 강점이지만 남용할 경우 가장 큰 문제이다.
내적 갈등 영역 **보존**	**지원 전략** **완벽함을 느끼기 위한 노력**
전파7은 '보존'에 끌리지만 대개 이 영역에 대해 엇갈린 감정과 그림자 문제를 가진다.	7유형은 고정관념과 다르게 세부와 품질에 주의를 기울인다. 이로 인해 때때로 경직되거나 타인에게 까다롭게 요구하는데, 특히 자신의 행복에 다른 이들이 방해가 된다고 느낄 때 그러하다.
무관심 영역 **탐색**	**간과 전략** **분리됨을 느끼기 위한 노력**
전파7은 통상 '탐색'에 크게 주의를 기울이지 않는다.	7유형은 대개 대다수 사람들이 보지 못하는 조용하고 사적인 면을 가지고 있다. 하지만 중요한 순간에 흥미롭고 즐거운 무언가를 놓칠까봐 두려워 자신이 욕망하는 것에서 벗어나거나 집착을 내려놓지 못한다.

개요

전파7은 흥분을 느끼기 위해 노력하는 전략을 통해 매력 및 연결과 관련된 본능적인 행동을 표현한다. 모든 전파와 마찬가지로 이들은 다른 사람들에게 주목받기 위해 자신을 포지셔닝 하는 방법과 영향력을 발휘하는 방법을 이해하는데 본능적으로 조율된다. 전파7은 높은 에너지와 열정을 유지하고, 재밌고 도전적인 기회를 끊임없이 찾고, 자신과 주변 사람들을 즐겁게 할 수 있는 방법을 찾음으로써 이러한 목표를 달성한다. 전략(흥분을 느끼기 위한 노력)과 본능 편향(전파) 모두 자기 주장과 높은 에너지를 가지고 있기 때문에 전파7은 27 프로파일 중 가장 활동적이고 외향적으로 보인다. 전파7은 대개 에너지 덩어리처럼 보여 늘 움직이고, 이야기하고, 무언가 할 수 있는 것에 대해 생각한다. 이들은 대개 매력적이고 붙임성 있으며 수많은 가능성과 선택지에 집중하지만, 에너지가 적은 이들에게는 압도적일 수 있고 계획의 일관성을 추구하는 이들에게는 실망감을 줄 수 있다. 이들은 보통 말이 많고 이야기 하는 것과 다른 사람을 즐겁게 하는 것을 좋아하지만, 상대가 자신의 속도에 맞지 않을 때에는 끊지 않고 듣는 것이 어려울 수 있으며, 이는 소수의 사람들 만이 할 수 있는 일이다.

업무수행

전파7은 영업사원과 기업가로서 대성하며, 많은 자극과 다양성이 없는 역할이 어려울 수 있다. 비전이 있고 창의력이 뛰어나 다른 사람들이 포기한 어려운 문제에 대한 해결책을 찾아낼 수 있다. 대부분의 상황에서 주의 시간이 짧지만, 퍼즐과 문제 해결을 좋아하고, 초점을 모으고 부단히 움직이는 마음을 안정시킬 수 있는 도전을 추구한다. 모든 곳에서 기회와 가능성을 보고 그 기회를 잡으려고 한다. 단점은 쉽게 주의가 산만해져 담당 과제가 끝나기도 전에 그 다음 밝고 반짝이는 물

체로 건너 뛰는 것이다. 흥미로운 사람을 발견하면 호기심이 많고 질문
도 많이 하지만 금방 지루해 하고 무관심해져서 다시 에너지 레벨을 올
리기 위해 스토리텔링 모드로 돌아갈 수 있다.

리더십

전파7은 매우 활기차고 동기 부여 잘하는 리더로, 목표를 제시하고
그 여정이 얼마나 재미있을지, 목적지에 도달했을 때 얼마나 보람 있을
지 모두에게 설득할 수 있다. 일대일 및 집단 수준 모두에서 매력과 영
감을 줄 수 있으며, 일반적으로 태도가 매우 긍정적이기 때문에 사람들
은 전파7이 목표를 달성하도록 도울 수 있다. 그렇지만 사람들은 전파
7의 끊임없는 변화와 충동에 좌절감을 느끼며 한 방향이나 긴급한 우
선순위에서 다음으로 휘둘리는 느낌을 받을 수 있다.

전파7과 함께 일하기

최상의 상태일 때, 전파7은 전염성 있는 에너지와 긍정적인 의도, 유
머로 주변 사람들의 기운을 북돋는다. 소위 '파티 인생' 이 나타내듯이
이들은 다른 사람들을 즐겁고 재미있게 해준다. 하지만 항상 즐겁게 하
는 무언가를 말하거나 하고 싶어 하는 욕구를 조절하는 방법을 배우지
못하면 이들은 좌절감을 느낄 수 있다. 이들은 자극을 얻기 위해 다른
사람들을 방해하거나 혹은 팀의 비전이 충분히 거창하지 않다고 느껴
서 매우 까다로워질 수 있다. 전파7은 다양한 요소가 포함된 도전적인

목표와 함께, 그 과정에서 몰입을 유지할 충분한 단기적 승리를 제공받을 때 가장 잘 기능한다.

☑ 혼동될 수 있는 유형 **간혹 8유형 또는 4유형**

강한 보존

본능 편향	전략
열정 영역 **보존** 보존8은 '보존'관련 이슈에 무의식적으로 집중하는 경향이 있다.	**선호 전략** **강함을 느끼기 위한 노력** 가장 큰 강점이지만 남용할 경우 가장 큰 문제이다.
내적 갈등 영역 **탐색** 보존8은 '탐색'에 끌리지만 대개 이 영역에 대해 엇갈린 감정과 그림자 문제를 가진다.	**지원 전략** **분리됨을 느끼기 위한 노력** 8유형은 감정적으로 분리될 수 있는 능력 때문에 대개 어려운 결정을 내릴 수 있다. 그러나 때때로 이러한 능력이 과도하게 사용되어 타인의 필요와 감정에 둔감해질 수 있다.
무관심 영역 **전파** 보존8은 통상 '전파'에 크게 주의를 기울이지 않는다.	**간과 전략** **연결됨을 느끼기 위한 노력** 8유형은 대체로 다른 사람들과 강한 유대감을 형성할 수 있지만, 중요한 순간에 더 많은 공감과 유대를 보여주어야 함에도 취약해질 수 있다는 우려 때문에 그러지 못한다.

개요

보존 8은 강함을 느끼기 위해 노력함으로써 둥지 및 양육의 충동 영역을 다룬다. 모든 보존자와 마찬가지로 이들은 자원, 웰빙, 안전, 건강과 관련된 문제에 본능적으로 조율된다. 보존8은 이러한 문제에 관련 상황을 통제하려고 시도하는 방식으로 접근한다. 이들은 가장 과제 지향적인 하위유형에 속하며, 대개 엄격한 삶의 구조와 세부적인 체크리스트(정신적 또는 신체적)를 만들어 자신이 한 일을 긋고 해야 할 일을 스스로에게 상기시킨다. 이들은 '추적 유지(keeping track)'에 집중하여, 언제 일을 끝낼지, 다음 식사는 언제 인지, 저축한 돈은 얼마나 되는지 등을 끊임없이 알고 싶어 한다. 이들은 사적이고 가족 중심적인 경향이 있어, 사적 성역에 누가 들어오게 할 지 신중하지만, 일단 들어온 이들과는 매우 단단한 유대감을 형성한다.

업무수행

보존8이 직장에서 직면하는 가장 큰 어려움은 다른 사람들이 항상 자신의 우선순위를 공유하지 않는다는 사실을 받아들이는 것이다. 보존8은 자신이 원하는 것을 갖고자 하고 그것도 지금 당장 원한다. 이들은 목표 추구에 너무 가차가 없어서 장애물로 여겨지는 것은 무엇이든 즉시 해결돼야 한다는 강박을 가질 수 있다. 이러한 특성으로 인해 실행에는 뛰어나지만 단기 사고─과제 달성 방식이 대인 관계에 미치는 악영향보다는 당면 과제에 초점을 두는─에 빠지면 협업 능력이 약화될 수 있다. 이들은 사내 정치에 대한 취향이나 관용이 거의 없으며, 열심히 일해서 출세하는 것을 선호한다.

그들은 경쟁심이 강하지만 보통 자신과 경쟁하며 대개 자신의 승리에 주의를 끌려 하지 않는다.

리더십

보존8은 대개 조직에서 실행을 주도하는 강력한 능력으로 인해 리더의 지위에 오른다. 보존8은 감정적 경계심이 강하고 감정을 잘 드러내지 않기 때문에 감정적인 연결을 맺기가 어려울 수 있으며, 보통 "카리스마 있는" 리더로 여겨지지 않지만, 자신이 설정한 목표를 성취하는 능력과 팀의 최선의 이익을 위해 행동할 것이라는 확신을 통해 종종 직원들의 신뢰를 얻는다.

보존8과 함께 일하기

보존8의 가차없는 추진력은 다른 사람들이 맞추기 어려울 수 있으며, 목표에 방해가 되는 입장에 서게 된다면 이들에게 압도당하는 기분을 느끼기 쉽다. 보존8은 사람들의 감정을 부차적인 요소로 여길 수 있지만 강철같은 겉모습 뒤에 이들은 대개 따뜻하고 매우 자상하다. 이들은 모든 이의 행복을 위한 최선을 원하지만, 때로는 행복이 탐색 및 전파 영역에 영향 받는다는 것을 상기할 필요가 있다.

목표에 중대한 전술적 장애가 있을 때 보존8을 활용하고, 필요할 때 이들이 대인 관계 영역을 탐색할 수 있게 도와라.

☑ 혼동될 수 있는 유형 **9유형, 1유형, 5유형**

탐색 8(N8)

강한 탐색

본능 편향	전략
열정 영역 **탐색** 탐색8은 '탐색'관련 이슈에 무의식적으로 집중하는 경향이 있다.	**선호 전략** **강함을 느끼기 위한 노력** 가장 큰 강점이지만 남용할 경우 가장 큰 문제이다.
내적 갈등 영역 **전파** 탐색8은 '전파'에 끌리지만 대개 이 영역에 대해 엇갈린 감정과 그림자 문제를 가진다.	**지원 전략** **분리됨을 느끼기 위한 노력** 8유형은 감정적으로 분리될 수 있는 능력 때문에 대개 어려운 결정을 내릴 수 있다. 그러나 때때로 이러한 능력이 과도하게 사용되어 타인의 필요와 감정에 둔감해질 수 있다.
무관심 영역 **보존** 탐색8은 통상 '보존'에 크게 주의를 기울이지 않는다.	**간과 전략** **연결됨을 느끼기 위한 노력** 8유형은 대체로 다른 사람들과 강한 유대감을 형성할 수 있지만, 중요한 순간에 더 많은 공감과 유대를 보여주어야 함에도 취약해질 수 있다는 우려 때문에 그러지 못한다.

개요

탐색8은 강력한 힘을 느끼기 위해 노력하면서 사회적 영역을 탐색한다. 모든 탐색자와 마찬가지로 이들은 위계, 정체성, 지위, 집단 관습, 대인 관계 문제에 본능적으로 조율된다. 탐색8은 이러한 문제에 자신이 강하다는 느낌을 갖기 위해 노력하는 전략을 취하며, 환경과 상황을 통제하고 자신 있고 유능해 보이길 원한다. 이들은 교류할 집단에 대해 까다로워, 집단에 관계를 맺기 전에 각 집단의 장단점을 면밀히 따진다. 일단 이들이 한 사회 집단에 참여하기로 하면 리더 역할을 맡지 않기가 어렵다. 왜냐면 이들은 자신이 책임을 맡을 때 가장 편안함을 느끼기 때문이다. 이런 면에서 이들은 타고난 리더이나, 좋은 팔로워는 아니다. 이들은 리더의 약점이나 무능을 감지하면 자신을 주장하고 책임지고자 하는 충동을 느끼지 않을 수 없다

업무수행

탐색8이 일할 때 직면하는 가장 큰 어려움은 자신이 항상 상사가 될 수 없다는 것을 이해하는 것이다. 다른 8과 마찬가지로 뜻대로 되지 않을 때 참을성이 없고 충동적인 경향이 있다.

계층 구조에서 자신의 위치에 익숙해진 탐색8은 높은 수준의 정치적, 문화적 기민함을 갖추고 있다. 이들은 집단이 어떻게 운영되는지, 집단 내에서 어떻게 일을 처리해야 하는지 알고있다. 이들은 효과적인 협상가이자 권력-중개자 (power-broker)이다. 다른 사람들이 자신감과 힘을 얻도록 만드는 방법을 잘 알고 있어 훌륭한 멘토와 동료가 되는 경향이 있다. 이들은 세부적인 실행보다는 전략적인 사고에 더 능한 경향이 있다. 과제가 완료되어야 할 때 바로 실행에 옮기지만, 세부 사항이나 업무에 집중하기보다는 다른 사람을 안내하고 지시하는 것을 선호한다.

리더십

탐색8은 강력한 리더십 잠재력을 갖고 있으며, 환경에 영향을 미치고 환경을 형성하려는 욕구와 집단 필요에 대한 강한 조율이 혼합되어 있다. 이들은 데이빗 맥클랜드의 '사회적 파워 리더(social power leader)'의 특징인 높은 권력 동기(high power drive: 자신의 환경을 만들려는 욕구)와 높은 억제력(high inhibition: 충동과 이기심의 억제)의 결합을 보여준다.

탐색8과 함께 일하기

다른 8과 마찬가지로 탐색8은 열정적으로 자신의 견해를 주장하고 여러분의 의견에 도전할 것이다. 그 에너지에 겁 먹기보다는 이들에 당당히 맞서고 당신 자신의 입장을 지키는 것이 중요하다. 물론 정중하게 해야 하며, 탐색8이 당신의 관점을 볼 수 있는 시간을 주어야 한다. 이들은 실용적인 경향이 있어서, 당신이 논리를 개진하면 그들의 의견을 바꿀 것이다. 탐색8은 체계적이지 않으며, 대개 강력한 행정적 지원이 필요하다는 점을 이해하는 것이 중요하다. 이들을 전략적 사고에, 특히 사내 정치와 집단 역학의 이해가 중요한 시기에 활용하라.

☑ 혼동될 수 있는 유형 **9유형, 5유형**

전파 8(T8)

강한 전파

본능 편향	전략
열정 영역 **전파** 전파8은 '전파'관련 이슈에 무의식적으로 집중하는 경향이 있다.	**선호 전략** **강함을 느끼기 위한 노력** 가장 큰 강점이지만 남용할 경우 가장 큰 문제이다.
내적 갈등 영역 **보존** 전파8은 '보존'에 끌리지만 대개 이 영역에 대해 엇갈린 감정과 그림자 문제를 가진다.	**지원 전략** **분리됨을 느끼기 위한 노력** 8유형은 감정적으로 분리될 수 있는 능력 때문에 대개 어려운 결정을 내릴 수 있다. 그러나 때때로 이러한 능력이 과도하게 사용되어 타인의 필요와 감정에 둔감해질 수 있다.
무관심 영역 **탐색** 전파8은 통상 '탐색'에 크게 주의를 기울이지 않는다.	**간과 전략** **연결됨을 느끼기 위한 노력** 8유형은 대체로 다른 사람들과 강한 유대감을 형성할 수 있지만, 중요한 순간에 더 많은 공감과 유대를 보여주어야 함에도 취약해질 수 있다는 우려 때문에 그러지 못한다.

개요

전파8은 강함을 느끼기 위해 노력하는 전략을 통해 매력 및 연결과 관련된 본능적인 행동을 표현한다. 모든 전파자와 마찬가지로 이들은 다른 사람들에게 주목받기 위해 자신을 포지셔닝 하는 방법과 유산을 남기는 방법을 이해하는데 본능적으로 조율된다. 전파8은 이러한 목적을 지배, 유능, 통제 그리고 카리스마적 영향력을 표현함으로써 달성한다. 대개 팽창된(larger-than-life figure) 이들은 외향적이고 에너지 높은 행동가이며 지연, 변명, 정치에 대한 인내심이 거의 없다. 이들은 집단의 알파 남성과 여성으로, 자연스럽게 리더의 자리에 끌리며 다른 사람들이 유지하기 어려운 속도를 설정한다. 다른 8과 마찬가지로 리더보다는 팔로워가 되는 데 어려움을 느끼며, 집단을 책임질 수 없을 때는 자신만의 길을 개척하는 것을 선택한다. 전파8은 대규모 조직의 번잡함이 좌절스럽기 때문에 보통 기업가의 길을 선호한다. 이들은 또한 8유형 중 가장 충동적이고 가장 쉽게 좌절하며 에너지와 끈기로 다른 사람을 압도할 수 있다.

업무수행

전파8이 직장에서 직면하는 가장 큰 어려움은 조직 내 대인관계 의 미묘한 역동에 조율하는 것이다. 참을성이 없고, 일이 되게 하는 사람들은 노선을 정하고, 그 목표를 달성하기 위해 행동한다.

이들은 타인의 관점을 듣는다고 생각하지만 때때로 대화를 방해하고 지배하는 패턴에 빠질 수 있다. 매력과 열정으로 사람들을 자신의 편으로 끌어들일 수 있지만, 전파8은 자신이 타인의 말을 안 듣는다는 다른 사람들의 생각에 놀랄 수 있다. 그러나 이들은 공유된 비전으로 사람들을 결집시킬 수 있는 뛰어난 '난세의 리더'다. 이들은 감언이설로 꾀고, 매혹하고, 그리고 필요한 경우 다른 사람들에게 대의의 당위성을 설득하기 위해 어떤 방법으로든 저항을 무마하는데 능통하다.

리더십

전파8은 타고난 리더이며 자신이 속한 세상에 자신의 족적을 남기고자 하는 강한 충동을 갖고 있다. 이런 강한 성격으로 인해 지나치게 중심이 되고, 지나치게 명분에 얽매이고, 문제 해결 시 지나치게 직접 개입할 수 있다. 이들이 큰 그림자를 드리워서 다른 사람들은 그 그림자 속에서 길을 잃을 수 있다. 전파8은 다른 사람들이 자신의 발자취를 따를 수 있게, 심지어 그것을 뛰어넘을 수 있게 해야만 한다.

전파8과 함께 일하기

최고의 상태에 있을 때, 전파8은 경이로운 존재이며 모두가 팀에 두고 싶어 하는 사람이다. 하지만 다른 때에는, 차분하게 대응할 수 있는 인내나 맞설 용기가 없는 사람들에게 이들은 과장되고 압도적으로 보일 수 있다.

이들은 열정적이고 싸움에 빠르지만 화해하고 앞으로 나아가는 것 또한 빠르다. 항상 큰 그림을 그리는 전략적 사고가는 아니더라도 이들은 뛰어난 전술가로서, 아무 것도 없는 것 같은 데서 해결책을 찾는 데 최고이다. 이들에게 개략적인 방향을 제시하고 길을 스스로 만들도록 하면 전파8을 가장 잘 활용할 수 있다.

☑ 혼동될 수 있는 유형 **가끔 7유형**

보존 9(P9)

평화로운 보존

본능 편향	전략
열정 영역 **보존** 보존9는 '보존'관련 이슈에 무의식적으로 집중하는 경향이 있다.	**선호 전략** **평화로움을 느끼기 위한 노력** 가장 큰 강점이지만 남용할 경우 가장 큰 문제이다.
내적 갈등 영역 **탐색** 보존9는 '탐색'에 끌리지만 대개 이 영역에 대해 엇갈린 감정과 그림자 문제를 가진다.	**지원 전략** **안전함을 느끼기 위한 노력** 9유형은 대체로 위험을 식별하고 완화하는 능력이 있어 다른 사람들을 진정시키고 모든 것이 괜찮을 거란 느낌을 준다. 그러나 때로는 현상유지 상태를 뒤흔들 수 있는 일에 지나치게 경계하고 전투적이며, 변화에 저항하고, 변화를 강요하는 이들에게 화를 낸다.
무관심 영역 **전파** 보존9는 통상 '전파'에 크게 주의를 기울이지 않는다.	**간과 전략** **탁월함을 느끼기 위한 노력** 9유형은 자신에게 높은 기대를 설정하고 성취욕과 야망이 있지만, 중요한 순간에 다른 사람들이 자신을 거만하거나 지나치게 주장이 강한 사람으로 볼까 두려워 스스로 드러내기를 꺼린다.

개요

보존9는 평화로움을 느끼기 위해 노력함으로써 둥지 및 양육의 본능 영역을 다룬다. 모든 보존자와 마찬가지로 이들은 자원, 웰빙, 안전, 건강과 관련된 문제에 본능적으로 조율된다. 보존9는 이러한 문제에 때때로 모순적인 접근을 하여, 자신과 타인의 이런 필요를 부정하지만 행동에 있어서 안락과 웰빙에 너무 잘 맞춰져 있다. 이들은 다른 사람의 필요에 조율되어 대개 타인을 돕고 자기 희생적인 성향을 보인다. 일과 관련된 프로세스에 대해서는 매우 엄격하지만 다른 영역에서는 자유분방하고 체계적이지 않을 수 있다. 호감형이고 너그럽지만 다른 9보다 절제력있고, 타인과의 상호작용이 내면의 고요를 위협할 때 재빨리 자신의 굴로 움츠릴 수 있다. 이들은 규칙적인 일상을 원하고 일반적으로 삶이 놀랍지 않고 일관되기를 좋아한다.

업무수행

보존9가 직장에서 직면하는 가장 큰 어려움은 다른 사람들이 자신에게 부과하는 요구에 맞서는 것이다. 9 가운데 가장 수동-공격적인(passive-aggressive) 하위유형으로, 이들은 불평함이 없이 원하지 않는 것을 회피하고 저항함으로써 원하는 것을 얻을 수 있다. 자기 자신이나 업적을 거의 홍보하지 않기 때문에 호감과 존경을 받기 쉽다. 당면한 과제에 집중하는 것을 선호하며, 겸허하고 법석떨지 않으며 일이 완료되기를 원한다. 따라서 협업하기는 쉽지만 이들의 업적이 간과될 수 있기 때문에 자신의 경력에 손해가 될 수 있다. 또한 이러한 젠체하지 않는 자질로 인해 이들은 자신을 홍보하는 사람들을 특히 경멸할 수 있다.

리더십

리더십 직위에 오른 보존9는 대개 업무의 우수함으로 승진하기 때문에 승진에 대한 원망을 거의 받지 않는다. 이들의 리더십은 지지적이고 배려적이지만 또한 과제와 고된 노력에 집중한다. 이들은 유(柔)한 태도 때문에 고위직 리더에 어울릴 법 하게 충분히 강압적이거나 명령적인 인상을 주지 못할 수 있으며, 보다 분명하고 직접적인 의사소통 스타일을 개발하면 이러한 인식을 극복하는 데 도움이 된다.

보존9와 함께 일하기

보존9는 겸허하고 부지런하지만 고집이 세고 갈등을 싫어할 수 있다. 겸손과 노고로 존경받지만 자신의 관점과 원하는 것을 명확하게 표현하지 않아 다른 사람을 혼란스럽게 할 수 있다. 보존9와 대화할 때는 기대를 명확히 하고 합의와 약속에 대해 정확하게 하는 것이 도움이 되며, 보존9의 관리자는 이들의 자기 비하에 가려져 있을 수 있는 기술과 특성을 파악하는 데 시간을 할애해야 한다. 보존9는 다른 사람들이 자신의 견해를 듣고 자신의 능력을 볼 수 있게 하도록 격려 받을 때 진정으로 성장할 수 있다.

☑ 혼동될 수 있는 유형 **1유형, 6유형, 5유형**

탐색 9(N9)

평화로운 탐색

본능 편향	전략
열정 영역 **탐색** 탐색9는 '탐색'관련 이슈에 무의식적으로 집중하는 경향이 있다.	**선호 전략** **평화로움을 느끼기 위한 노력** 가장 큰 강점이지만 남용할 경우 가장 큰 문제이다.
내적 갈등 영역 **전파** 탐색9는 '전파"에 끌리지만 대개 이 영역에 대해 엇갈린 감정과 그림자 문제를 가진다.	**지원 전략** **안전함을 느끼기 위한 노력** 9유형은 대체로 위험을 식별하고 완화하는 능력이 있어 다른 사람들을 진정시키고 모든 것이 괜찮을 거란 느낌을 준다. 그러나 때로는 현상유지 상태를 뒤흔들 수 있는 일에 지나치게 경계하고 전투적이며, 변화에 저항하고, 변화를 강요하는 이들에게 화를 낸다.
무관심 영역 **보존** 탐색9는 통상 '보존'에 크게 주의를 기울이지 않는다.	**간과 전략** **탁월함을 느끼기 위한 노력** 9유형은 자신에게 높은 기대를 설정하고 성취욕과 야망이 있지만, 중요한 순간에 다른 사람들이 자신을 거만하거나 지나치게 주장이 강한 사람으로 볼까 두려워 스스로 드러내기를 꺼린다.

개요

탐색9는 평화로움을 느끼기 위해 노력하며 사회적 영역을 탐색한다. 모든 탐색자와 마찬가지로 이들은 위계, 정체성, 지위, 집단 관습, 대인 관계 문제에 본능적으로 조율된다. 탐색9는 참여하지만 눈에 거슬리지 않는 방식으로 이러한 문제에 접근한다. 이들은 집단의 일원이 되는 것을 좋아하고 개방적이고 호감이 가지만, 다른 사람을 소외시키지 않는 방식으로 집단에서 활동하기를 원한다, 그렇다고 해서 탐색9가 자기 주장을 하거나 자기 목소리를 내는 것을 두려워한다는 의미는 아니다. 사실 이들은 대체로 토론에 참여하는 것을 좋아하지만 자기 비하적 방식이어서 자신의 주장을 개진할 때도 단언을 제한하고 다른 관점을 인정한다. 탐색9는 다른 사람들과의 공통 분모를 찾는 데 뛰어나며, 자신의 요구를 뻔뻔하고 노골적으로 타인의 요구와 경쟁시키기보다 상호이익이 되게 요구를 충족하려 노력한다.

업무수행

탐색9의 가장 큰 도전은 자신의 성취에 대해서 인정을 구하고 받는 것에 편안해지는 것이다. 이는 탐색9의 내적 갈등 영역으로, 일부는 인정받고 싶어 하고 또 다른 일부는 거만하고 관심을 끌려는 사람으로 비춰지는 것을 두려워한다. 보다 공격적인 환경에서 탐색9는 너무 좋은 혹은 너무 어려운 결정을 꺼리는 사람으로 보여 리더십 역할의 인물로 무시될 수 있다. 탐색9는 대개 모두가 속도를 늦추고 심호흡을 하며 큰 그림을 보도록 하는 데 중요한 역할을 하기 때문에 이는 안타까운 일이다. 탐색9는 기꺼이 다른 사람들이 스포트라이트를 받고 정당한 평판을 얻을 수 있게 해주기 때문에 대개 훌륭한 팀 플레이어이자 팀 리더가 된다. 이들은 대인관계상의 매력과 편안함을 가지고 있어 다양한 집단의 사람들과 관계를 형성한다. 이들은 일반적으로 조직의 모든 유형과 직급의 사람들과 편안하게 지내며, 다른 사람들도 이들을 편안하게 느끼게 한다.

리더십

탐색9는 대체로 매우 훌륭한 리더이다. 사회적 감각이 뛰어나 집단을 잘 읽고 다른 사람의 관점을 진정으로 듣고 싶어 한다. 이는 사람들이 자신의 목소리가 경청된다고 느끼게 하여 탐색9의 리드를 더 기꺼이 따르게 만든다. 또한 탐색9는 특히 집단을 효과적으로 안정화하는데 영향력을 발휘한다. 불필요하게 당황하거나 지나치게 감정적이지 않아서 사람들은 이들의 감정적 리드를 신뢰하고 따르는 법을 배우게 된다.

탐색9과 함께 일하기

탐색9는 대체로 매우 쉽게 어울릴 수 있고 매우 협력적인 팀 플레이어다. 하지만 갈등을 피하거나 실제는 동의하지 않는데도 동의하는 것처럼 보일 수 있다. 이로 인해 이들은 간접 거부(pocket veto)의 달인이 되어 때때로 함께 일하는데 혼란을 겪을 수 있다. 의견이 일치하지 않는 부분이 있을 때, "아니오"라고 말하는 데 편안해질 시간을 줘야 하는데 그러기 위해선 탐색9에게 인내심을 갖는 것이 무엇보다 중요하다. 또한 탐색9와 동의를 확실하게 하는 것—"아니오"라고 말하지 않았다고 해서 "예"라고 말한 것은 아니라는 것—이 중요하다. 마지막으로, 탐색9의 야망과 자기주장을 과소평가하지 말라. 탐색9는 대개 보기보다 자신감이 넘치고 야망이 크므로 이들이 자신을 확장하도록 격려해 주어야 한다.

☑️ **혼동될 수 있는 유형** **가끔 3유형, 8유형, 2유형**

전파 9(T9)

평화로운 전파

본능 편향	전략
열정 영역 **전파** 전파9는 '전파'관련 이슈에 무의식적으로 집중하는 경향이 있다.	**선호 전략** **평화로움을 느끼기 위한 노력** 가장 큰 강점이지만 남용할 경우 가장 큰 문제이다.
내적 갈등 영역 **보존** 전파9는 '보존'에 끌리지만 대개 이 영역에 대해 엇갈린 감정과 그림자 문제를 가진다.	**지원 전략** **안전함을 느끼기 위한 노력** 9유형은 대체로 위험을 식별하고 완화하는 능력이 있어 다른 사람들을 진정시키고 모든 것이 괜찮을 거란 느낌을 준다. 그러나 때로는 현상유지 상태를 뒤흔들 수 있는 일에 지나치게 경계하고 전투적이며, 변화에 저항하고, 변화를 강요하는 이들에게 화를 낸다.
무관심 영역 **탐색** 전파9는 통상 '탐색'에 크게 주의를 기울이지 않는다.	**간과 전략** **탁월함을 느끼기 위한 노력** 9유형은 자신에게 높은 기대를 설정하고 성취욕과 야망이 있지만, 중요한 순간에 다른 사람들이 자신을 거만하거나 지나치게 주장이 강한 사람으로 볼까 두려워 스스로 드러내기를 꺼린다.

개요

전파9는 평화로움을 느끼기 위해 노력하는 전략을 통해 매력 및 연결과 관련된 본능적인 행동을 표현한다. 모든 전파자와 마찬가지로 이들은 다른 사람들에게 주목받기 위해 자신을 포지셔닝하는 방법과 유산을 남기는 방법을 이해하는데 본능적으로 조율된다. 너그러운 전략과 주장적인 본능 편향의 모순적인 속성으로 인해, 전파9는 복합적인 행태—대부분의 상황에서 외향적이고 매력적이지만 동시에 삼가고 사적인 면을 갖는—를 보인다. 이들은 보통 다른 9보다 더 외향적으로 보이며 대개 매력적이고 표현적이며 역동적이다. 이들은 이야기를 하고 다른 사람을 즐겁게 해주는 것을 좋아하지만, 그것을 미묘한 자기 비하와 영웅담을 섞어 한다. 이들은 보통 야망이 강해서 3처럼 보일 수 있다. 자신감 있고 단호해 보이지만 갈등을 해결하는데 어려움을 겪을 수 있다. 이는 종종 이들이 인정하지 않는 부분이긴 하다. 배우자, 동료, 친구 등 소수의 중요한 타인과 깊고 강렬하게 결합하려는 경향이 있으며, 다른 사람과는 다정한 거리를 유지하는 경향이 있다. 한 순간은 몰입하고 열광하는 것처럼 보이지만 다음 순간에는 거리를 둘 수 있다.

업무수행

전파9는 열심히 일하고 열심히 논다. 이들의 놀이가 골프, 요트, 음악 연주와 같이 좀 더 여유로운 활동이긴 하지만 말이다. 대개 야망이 있고 성공을 위해 기꺼이 장시간 일하며, 일과 자신을 동일시한다. 이들은 훌륭한 네트워커이자 '수다쟁이'로서 폭넓은 관계를 구축하는 경향이 있다. 대개 영업 및 마케팅과 같은 고객 대면 역할에 끌리는데, 사람 스킬과 주장성을 결합해서 효과적인 상위 관리자가 될 수 있다. 이들은 누구에게나 친근하고, 겸손하고, 다가가기 쉬운 경향이 있으며, 실제로 다른 사람들은 이들의 호감도와 카리스마에 끌리기도 한다. 이들은 대체로 어떻게 하면 다른 이들이 인정받고 고맙게 느끼게 하는지를 직관적으로 잘 이해하고 있다.

리더십

전파9는 설득력 있고 영감을 줄 수 있으며 열심히 일하려는 의욕이 강해 다른 이들의 모범이 되기 때문에 훌륭한 리더가 될 수 있다. 이들은 자신을 위해 일하는 사람들에 대한 진정어린 관심을 갖고 있으며, 이는 호감을 얻고자 하는 욕구와 결합되어 다른 이들에게 부정적인 결정을 내리기 어렵게 만들 수 있다.

전파9과 함께 일하기

대부분의 전파9는 편안한 매력으로 인해 가장 함께 일하기 즐거운 사람이지만, 성격의 모순적인 특성 때문에 사람들을 혼란스럽게 만들 수 있다. 겸손하면서 과시적이고, 공격적이면서 수동적이며, 참여적이면서 떨어져 있는 두 가지 모두로 보일 수 있다. 이들의 전략과 본능 편향의 상충되는 충동을 이해하면 동료들이 이러한 모순을 이해하고 받아들이는 데 도움이 될 수 있다. 관리자는 전파9가 자신의 대인 스킬을 발휘할 수 있는 기회를 갖도록 하고 또한 다른 사람에게 부정적인 영향을 미치는 결정을 내릴 때 지원을 받을 수 있도록 해야 한다.

☑ 혼동될 수 있는 유형 **3유형, 7유형**

적용(application)
직장에서의 본능 편향

적용(application) - 직장에서의 본능 편향

조직과 본능 편향

마리아 호세가 10년, 마리오가 20년동안 조직자문 경험을 통해 내린 결론은, 에니어그램을 더 많이 사용하면 할수록 조직에서 일하는 사람들이 본능 편향의 가치를 더 깨닫게 된다는 사실이다. 우리는 본능 편향에 대한 지식이 9가지 유형에 대한 지식보다 비즈니스 세계에서는 더 유용할 수 있다고 본다.

본능 편향은 근본적인 가치를 나타낸다. 다시 말해서 윤리적 또는 도덕적 가치가 아니라 우리가 발견한 주제들이 근본적으로 중요하다는 점이다. 세 가지 본능 영역은 우리가 삶에서 직면하는 모든 실질적인 문제를 나타낸다.

우리 자신과 우리가 아끼는 사람들의 웰빙을 어떻게 보호할 것인가?

복잡한 사회적 영역에서 어떻게 우리가 방향을 정하고 다른 사람들에게 매력적으로 보이며 그들과 연결할 것인가 하는 점이다.

세 개의 본능 편향성- 보존, 탐색, 그리고 전파와 같은 본능 편향이 아주 기본적인 우리 주의에 영향을 준다. 그리고 기본적인 생물학적 욕구에 대한 영향 뿐 아니라, 우리가 형성하는 조직과 또 그 안에서 어떻게 행동하는지도 결정한다.

대부분의 큰 조직은(의식하지 못한 채) 이러한 욕구를 체계적이고 효율적인 방법으로 충족되도록 조직되어 있다. 이는 편향성과 비즈니스 기능 사이에 직접적인 상관관계가 있다는 것을 보여 준다.

이것은 조직의 일원으로 일하거나, 규모와 상관없이 사업을 하는 사람 모두에게 유용한 정보이다.

우리가 살펴 보았던 것처럼, 사람들은 어떤 것에는 주의를 기울이고 가치를 두는 반면, 또 다른 것에는 그렇지 않은 편향을 가지고 있다. 보존을 예를 들때, 그들은 안전, 안정성, 구조에는 가치를 두고 중요시 하지만 자기홍보나 외향성에는 가치를 두지 않는 경향이 있다.

이는 그들의 개인적인 삶에 적용될 뿐만 아니라, 그들이 이끄는 조직에서 중요시하는 가치에도 영향을 미친다. 우리는 반복적인 경험을 통해서, 매우 유능한 보존적인 성향의 사람들조차도 자신이 중시하는 가치를 업무에서 과도하게 강조하고, 반대로 중요하게 여기지 않는 부분은 간과하는 경향이 반복적으로 나타난다는 사실을 알게 되었다.

이것은 단순히 인간의 본성이지만, 리더로서의 개인적인 성과와 조직 전체에 부정적인 영향을 미칠 수 있다.

대규모 조직은 이러한 개인적인 편향을 극복하기 위해 보통 기능적 모델로 구조화되어 있지만, 이러한 편향은 여전히 영향을 미칠 수 있다. 왜냐하면 리더의 주의를 끌고 조직의 문화를 형성하기 때문이다. 따라서 특정 리더가 자신의 지배적인 편향과 관련된 조직 기능에 더 집중하고, 다른 기능의 성과가 저하되도록 방치하거나 해당 기능에서 일하는 사람들의 기여를 제대로 인식하지 못할 수 있다는 것을 의미한다.

더 나아가서, 어떤 경우는 특정 본능 영역에 지나치게 집중된 기업 문화가 형성될 수 있으며, 이는 다른 영역에서 약점을 초래할 수 있다. 예를 들어, 보존적 문화(preserving culture)는 실행에는 강하지만 사업 개발과 판매에서 뒤처질 수 있으며, 탐색적 문화(Navigating culture)는 내부 및 외부 관계에는 뛰어나지만 실행과 전달에서 어려움을 겪을 수 있다. 전파적 문화(Transmitting culture)는 빠르게 시장 점유율을 확보하지만 내부의 소통과 전략적 정합성의 부족으로 약화될 수 있다.

이러한 편향의 영향을 극복하기 위해 우리는 이를 이해하고, 조직에 미치는 영향을 인식하며, 이를 보완하기 위한 조치를 취해야 한다.

비즈니스의 모든 측면에 주의를 기울이기 위해, 이를 세 가지 본능 영역과 연관지어 이해하는 것은 유용한 틀이 된다. 아래는 일반적으로 조직의 기능을 이러한 영역에 매핑(Mapping)하는 방식에 대한 설명이다.

보존본능 영역과 관련된 비즈니스 기능은 다음과 같다.

- 재무: 자금이 적절히 관리되고, 효율적으로 사용되며, 적절하게 분배되도록 보장.
- 운영: 제품이 효율적이고 안전하게, 필요한 품질을 충족하며 생산 및 유통되도록 관리.
- 시설 유지보수: 시설의 전반적인 유지 및 최적화.
- 보안: 안전하고 안정적인 작업 환경 제공.

탐색본능 영역과 관련된 비즈니스 기능은 다음과 같다.

- 인적 자원: 공정성을 보장하고, 직장 정책 및 규정을 개발·배포하며, 인재 관리를 수행 (복리후생 및 보상은 보존 영역에 더 가까움).
- 기업 커뮤니케이션: 조직 내외부에서 회사의 평판을 관리하고 형성.
- 마케팅: 시장의 요구를 이해하고 이에 따라 제품 전략을 계획.

전파 본능 영역과 관련된 비즈니스 기능은 다음과 같다.

- 영업: 고객이 회사가 제공하는 서비스를 신뢰하고 구매하도록 설득.
- 광고 및 브랜딩: 회사의 제품 및 제공하는 것들을 가장 매력적이고 호소력 있게 할수 있는 조명아래 위치하게 함.
- 사업 개발: 기회를 발굴하고 잠재적 고객이나 전략적 파트너와의 관계를 구축.

중요한 점: 특정 기능에 종사하는 모든 사람이 해당 기능과 연관된 지배적인 본능 편향을 반드시 가지고 있다고 말할 수는 없다. 예를 들어, 모든 재무 전문가가 보존자(Preserver)이고, 모든 영업 사원이 전파자(Transmitter)인 것은 아니다. 그러나 우리는 사람들이 자신의 지배적인 본능 편향에 부합하는 직무로 불균형적 이동을 하는 경향이 있다는 것을 발견했다. 이는 적어도 경험적으로 볼 때, 재무 분야에는 전파나 탐색자(Navigator)보다 보존이 더 많다는 인상을 준다. 또한, 사람들이 자신의 3차적인 본능 영역과 관련된 직무를 피하는 경향이 있다는 점도 발견된다. 그러나 다시 강조하자면, 우리는 모든 본능 편향의 사람들이 각 기업의 다양한 기능에서 효과적이고 성공적으로 일한 사례를 목격해 왔다.

심지어 대규모 조직의 성과도 리더의 본능 성향에 의해 영향을 받을 수 있다(만일 리더가 모든 비즈니스 기능에 적절한 가치를 부여하고 적절한 주의를 갖는데 실패할 경우). 또는 특정 성향을 과도하게 중시하는 문화로 인해 영향을 받을 수 있다. 그러나 이러한 영향은 중소기업에서 훨씬 더 심각하다. 중소기업에서는 리더의 성향이 문화에 큰 영향을 미치는데, 대기업 만큼 기업 비즈니스 기능이 깊이 자리 잡고 있지 않기 때문이다.

기업가, 스타트업, 그리고 개인 사업자는 본능 편향이 성과에 어떤 영향을 미치는지에 대해 반드시 주의해야 한다. 일반적으로 보존자 (Preserver)는 자신이나 자신의 사업을 충분히 홍보하지 않기 때문에 어려움을 겪곤 한다. 탐색자(Navigator)는 체계적인 실행력이 부족해 고전하며, 전파자(Transmitter)는 주변 사람들 간의 미묘한 메시지나 정치적 역학을 놓치고 간과하여 어려움을 겪는다.

성공한 사람들과 성공한 기업은 자신들의 비즈니스와 관련된 모든 측면에서 충분히 능숙해지는 방법을 터득했기 때문에 성공할 수 있었다. 기업은 약점으로 인해 실패한다. 선체의 앞부분이 완벽하고 뚫을 수 없을 만큼 견고하더라도 뒷부분에 큰 구멍이 있다면 아무 소용이 없는 것과 같다.

자신의 본능 편향이 자신의 성공이나 근무하는 회사의 성공을 저해하지 않도록 하기 위해 스스로에게 던질 수 있는 몇 가지 간단한 질문이 있다. 이러한 질문은 자영업자이든, 소규모 사업을 운영하든, 대규모 조직에서 팀을 이끌든, 다국적 기업의 CEO이든 상관없이 중요하다.

- 당신의 본능편향이 무엇이며, 그로 인해 사업의 어떤 특정 부분에 더 주목하고 다른 부분을 과소평가하거나 무시하는가?
- 당신이 무시하고 있는 사업 부분들의 가치는 무엇인가?
- 그 부분에서 더 나아진다면, 어떻게 더 성공할 수 있을까?
- 이 활동들을 더 능숙한 사람들에게 어느 정도까지 아웃소싱할 수 있을까?("아웃소싱"은 "책임 방기"를 의미하지 않는다. 아웃소싱한 활동에 대해서도 여전히 책임이 있으므로, 신중하게 진행하고 결과를 추적해야 한다.)

- 무시하기 쉬운 사업의 부분들에 충분히 주의를 기울이기 위해 어떤 메커니즘을 도입할 수 있을까? 어떻게 스스로 책임을 다할 것인지 점검할 계획인가?

본능 편향의 큰 문제는 그것이 본능(비의식적)이라는 점과, 우리의 사고를 형성하는 편향이라는 점에 있다. 우리는 우리의 사고를 객관적(편향되지 않은)으로 여기기 때문에, 이러한 편향을 쉽게 인식하지 못한다. 특히, 자신이 주로 의존하는 본능 영역 이외의 것들을 덜 중요하게 여기거나, 심지어 중요하지 않다고 간주하는 경향이 있다. 이러한 태도는 마치 배의 고물에 난 구멍으로 물이 쏟아져 들어오는데도, 계속 뱃머리만 감탄하며 바라보는 것과 같다. 결국 배는 침몰하게 될 것이다.

문화, 팀, 그리고 본능 편향

우리는 문화를 한 집단이 암묵적으로 합의한 문제 해결 방식의 집단적 집합체로 볼 수 있다. 문화는 통상 의도적으로 개발되지 않는다. 그것은 집단을 형성하는 구성원들의 심리적 편향이, 그들이 직면하는 문제들에 반응하는 과정에서 점진적으로 진화한다. 이는 국가 문화에서부터 조직 문화, 회사 내 특정 팀문화에 이르기까지 모든 종류의 문화에 적용된다. 문화는 시간이 지나면서 습관화되고 무의식적으로 자리 잡는다. 어느새 우리는 그 영향을 의식하지 못하고 미처 생각하지 못하는 방식으로 상호작용한다. 문화는 여러 이점을 제공한다. 일반적으로 효과적인 행동을 체계화하여 그것이 제2의 천성이 되도록 만들고, 이전 세대의 지식과 지혜를 전수하며, 다른 사람들과 상호작용하는 지침을 제공한다. 하지만 문화에는 단점도 있다. 시간이 지나면서 낡은 습관적 패턴이 되어 중요한 활동을 간과하게 만들 수 있다. 또한, 집단의 성향이나 가치관이 자신과 다를 경우, 적응하기 어렵게 만들기도 한다.

안타깝게도, 문화를 변화시키는 일은 매우 어려울 수 있다. 인간은 습관적인 존재로, 장기적으로 이익이 될지라도 변화를 위한 일시적인 고통을 피하고 이미 시도되었던 방식에 의존하고 선호하는 경향이 있기 때문이다.

조직에서 문화를 관리하려면 다음의 두 가지가 필요하다.

1. 현재 문화에서 효과적으로 작동하고 있는 요소를 의식적으로 파악하여 유지한다.
2. 효과적이지 않은 요소를 의식적으로 식별한 뒤, 모두의 암묵적 가치를 충족하는 새로운 문제 해결 방안을 의도적으로 마련하는 것이다.

말처럼 쉽지는 않지만, 충분히 할 수 있다. 이 마지막 요점이 성공적인 문화변화의 핵심이다. 성공적인 문화변화의 핵심은 집단이 새로운 행동 규범을 실행할 때 모든 사람의 각기 추구하는 암묵적 가치가 충족되도록 보장 하는 것이다.

세 가지 본능 편향 프레임워크를 활용하는 것은 팀과 조직에서 지속 가능한 문화 변화를 이끌어내는 효과적인 방법이다. 앞서 살펴본 바와 같이, 이러한 편향은 우리의 가장 근본적인 가치-즉 우리가 본능으로 중요하다고 믿으며 시간과 에너지를 쏟는 것들-와 밀접하게 연관되어 있으며, 팀 문화 형성에도 상당한 영향을 미친다.

팀 내에서 한 가지 영역의 편향을 공유하는 사람들이 임계질량에 도달하면, 그 편향은 팀 문화에 영향을 미치기 시작한다. 여기서 "임계질량"은 팀 내 인원의 수일 수도 있고, 해당 인물들의 지위일 수도 있다. 비교적 소수의 고위직이나 영향력 있는 인물들이 팀 문화에 불균형적으로 큰 영향을 미칠 수 있기 때문이다.

보존 편향이 강한 사람들이 주도하는 팀은 질서, 프로세스, 구조의 구현에 집중하고, 자원을 절약하며, 위험을 회피하는 경향이 있다. 이런 팀은 묵묵히 자신의 업무에 충실하는 것을 중시하지만, 의사소통이 부족하고 자신의 성과를 효과적으로 알리지 못하는 경우가 많다. 또한, 탐색 편향을 가진 팀원들은 팀이 세부사항과 구조에 지나치게 집중한다고 느끼며, 더 많은 대인 간 소통을 갈망하게 된다. 반면, 전파 편향을 가진 팀원들은 팀의 보수적인 태도와 성과를 드러내지 않으려는 소극성에 좌절감을 느낄 것이다.

탐색 편향이 주도하는 팀은 대체로 대인 간 소통이 활발하며, 조직 내에서의 역할과 위치를 명확히 이해하고, 사업을 전략적으로 바라보는 경향이 있다. 그러나 실행력에서 어려움을 겪을 수 있다. 이들은 사업 운영 전략을 재구성하고 역할과 전략을 재정의하는 데 치중할 위험이 있으며, 실제로 사업을 운영하는 단계로 나아가는 데에는 부족함을 보일 수 있다. 이런 팀에서 보존 편향을 가진 사람들은 실행에 집중하지 않는 점에 불만을 느끼고, 전파 편향을 가진 사람들은 팀 내의 가십과 정치적 요소가 지나치다고 여기며 좌절할 것이다.

모든 팀 문화가 이처럼 명확하게 구분되지는 않으며, 팀 문화를 형성하는 데는 분명 다른 요소들도 작용한다. 그렇다 할지라도 팀의 문화적 역학(더 나아가 조직이나 사회의 문화)을 변화시키려는 모든 시도는 본능 편향을 반드시 고려해야 하며, 목표로 삼는 문화가 구성원 각자의 근본적인 본능 욕구를 충족시키는지 확인해야 한다.

비효율적인 습관적 패턴에서 벗어나는 한 가지 해결책은 다음과 같다.

- 팀 내에 나타나는 본능 편향의 역학을 분석하고 맵핑하여, 모든 구성원이 이를 인식할 수 있도록 한다.
- 이러한 역학을 자동적 행동에 휘둘리지 않고, 의도적인 대화의 일부로 만든다.
- 편향의 영향을 관리하기 위한 체계적 프로세스와 메커니즘을 마련한다.

우리는 보존, 탐색, 전파를 의식적으로 적절한 비율과 적절한 시점에 실행함으로써 끊임없이 변화하는 도전에 효과적으로 적응하는 법을 배워야 한다.

다음은 한 팀이 이를 실천한 사례이다. (익명을 위해 세부 사항은 변경되었음).

캘리포니아에 위치한 한 대형기술 기업의 사업 부문 경영진은 시장에서 역동적으로 빠른 성장을 이루어 내고 있었다. 이 팀은 전파 편향을 가진 카리스마 넘치고 강력한 추진력을 지닌 총괄 매니저가 이끌고 있었다. 운영과 재무 부문 책임자(일반적으로 보존 편향에 적합하다고 여겨지는 역할들) 역시 전파 편향을 가지고 있었으며, 영업 및 제품 개발 부문 책임자들 또한 마찬가지였다. 반면, 마케팅, HR, 프로그램 관리 부문 책임자들은 보존 편향을 가지고 있었고, 유일하게 탐색 편향을 가진 사람은 엔지니어링 부문 책임자였다.

이처럼 전파와 보존 편향이 강한 팀은 극도로 실행 중심적이었으며 항상 바쁘게 움직였다. 전파편향을 가진 구성원들은 끊임없이 새로운 시장을 발굴하고 새로운 고객을 확보하려 하며 조직 내부로 활동을 강하게 밀어붙였으나, 이는 때때로 방향성이 부족하고 깊이 있는 계획이 결여된 경우가 많았다. 지난주에 중요했던 일이 오늘은 중요하지 않게 되었고, 매일매일이 전형적인 긴급 대응 소방훈련 상황처럼 느껴졌다. 팀 내 보존 편향을 가진 구성원들은 이러한 상황에 압도감을 느끼면서도 묵묵히 끝이 보이지 않는 "해야할 일" 목록에 매달렸다.

비즈니스는 잘 돌아가고 있었지만, 혼란이 조직에 상당한 부담을 주고 있었다. 결국 경영진의 신경이 날카로워지기 시작했다. 마치 피크닉 배구 경기에서 여러 팀원이 한 공을 잡으려다 서로 부딪치고 발을 밟는가 하면, 다른 공은 아무도 잡으려 하지 않아 빈 공간으로 떨어지는 상황과 같았다.

주요 문제점

주요 문제는 정기적인 소통과 분석이 이루어지지 않았다는 점이었다. 아무도 멈춰 서서 생각하고, 논의하며, 조율하려는 노력을 기울이지 않았다. 더욱이, 이러한 접근 방식이 하부조직에 얼마나 큰 스트레스를 주고 있는지에 대한 민감성도 부족했다. 그 결과, 중간 관리직의 핵심 인재들이 하나둘씩 이탈하기 시작했다.

요컨대, 이 팀은 탐색 영역을 소홀히 하고 있었고, 그로 인해 대가를 치르기 시작하고 있었다 .

팀 코칭 세션에서 우리는 "탐색" 계획을 수립했다. 전형적인 공식적 소통 메커니즘-타운홀 미팅, 직급 간 소통을 위한 회의, 상사와 부하 직원 간 정기적인 1:1미팅-을 도입하였으며, 팀의 업무 중심적 성향을 활용해 이 활동들을 철저히 일정에 반영하고 관리하도록 독려했다.

우리는 또한 "정규 자유 대화 시간 (formal water-cooler time)"도

도입했다. 탐색 영역은 매우 구조화되지 않은 비공식적인 대화와 상호 작용에 관한 것이다. 매일 정규적으로 일어나는 자유 대화는 기본적인 인간의 필요를 충족시키려는 시도의 상징이다. 팀은 격주로 30분 동안 의제 없이, 그리고 고위관리자 없이 만나는 것에 동의했다. 이는 동등한 입장에서 이루어지는 대화였으며, 의제가 없다는 것은 팀이 성찰할 수 있고 중요하지만 긴급하지 않은 문제들을 논의할 수 있게 해주었다. 상사가 자리를 비운 덕분에 그는 대화를 지배하지 않았고, 누구도 그에게 인상적이게 보이려고 하지 않았다. 이러한 대화를 하는 동안 팀원들은 공동의 관심사나 우려 사항을 발견하고, 더 자세한 논의를 추후에 이어 나갈 수 있었다.

처음에는 약간의 저항이 있었다. 탐색 편향을 가진 사람들은 이런 비구조적인 대화를 즐기는 경향이 있지만, 전파 편향과 보존 편향을 가진 사람들에게는 고문처럼 느껴질 수 있다. 그러나 곧 그룹은 일정한 리듬을 타게 되었고, 팀원들은 인재, 역할과 책임, 전략, 그리고 더 나은 협업 방법에 대해 매우 생산적인 대화를 나누게 되었다. 회의는 결국 한 달에 한 번 1시간으로 변경되었지만, 팀은 정상적인 업무 과정에서 더 많은 탐색 활동을 수행하기 시작했고, 이는 큰 성공을 거두었으며 사기에도 긍정적인 영향을 미쳤다. 조직 내 인재 유지율이 개선되었고, 리더십 팀의 스트레스 수준은 점차 감소했다.

본능 편향 프레임워크는 문제 해결 모델로 간주되어야 한다. 즉 문제를 정의하고, 그 문제의 뿌리를 이해하며, 이를 해결하기 위한 프로세스를 설정하는 도구이다. 이 예시는 물론 많은 사례 중 하나에 불과하며, 각 팀은 고유한 본능 프로필과 고유한 도전 과제를 가질 것이다. 일반적으로 전파 영역에 너무 적은 관심을 기울인 팀은 자신을 효과적으로 홍보하지 못하거나 필요한 만큼 야심차게 생각하지 못할 것이다. 반면, 보존 영역에 너무 적은 관심을 기울인 팀은 필요한 프로세스와 보호 장치를 마련하는 데 실패할 것이다.

이것들은 너무 광범위한 일반화일 수 있지만, 고도로 기능하는 팀들에게도 팀이 빠질 수 있는 함정을 경고하는 데 도움이 된다. 본능 영역과 그에 대한 우리의 편향은 종종 압력이 쌓일 때 문제가 발생하는 단층선이다. 팀 구성원들의 본능 편향을 이해하고 그것이 팀 문화에 어떤 영향을 미치는지 파악하는 것은 단층선이 어디에 있는지 식별하고, 흔들림과 진동이 지진으로 번지기 전에 처리할 수 있도록 도와준다.

개인 성장과 본능 편향

이 장의 서두에서 언급했듯이, 우리는 세 가지 본능 편향을 고객과의 작업에서 아홉 가지의 유형만큼 중요하게 여긴다. 개인 코칭을 할 때 고객의 본능 편향을 이해하는 것은 바로 그들이 어떤 문제에 주의해야 하는지에 대한 즉각적인 통찰을 제공한다. 본능 편향과 작업할 때 집중해야 할 두 가지가 있다.

- 본능 반응에 의해 휘둘리는 것이 아니라, 본능 편향에 대한 반응을 관리하는 방법을 배우는 것.
- 세 가지 본능 영역과 관련된 활동을 더 능숙하게 하는 것.

이 두 가지 중 하나만 잘하면 다른 하나도 자동으로 해결될 것이라고 생각할 수 있지만 항상 그런 것은 아니다. 진정으로 효과적이고 다재다능한 사람이 되고 싶다면 자기 관리와 기술 구축 모두를 함께 발전시켜

야만 한다.

이해를 돕기 위해, 우리는 간단한 그래프를 만들 수 있다. 수직 축이 기술 숙련도를 나타내고, 수평 축이 본능 편향을 관리하는 정도를 나타낸다. 본능 편향과 관련된 작업에서 우리의 목표는 다이어그램에서 45도 각도로 대각선 방향으로 이동하는 화살표처럼 위로, 그리고 오른쪽으로 이동하는 것이다. 각자의 경로는 우리가 기술 숙련도에 더 집중하느냐 아니면 자기 관리에 더 집중하느냐에 따라 달라지며, 우리의 진행은 거의 직선이 될 수 없다. 기복이 있을 것이다. 심지어는 하루 동안 왼쪽에서 오른쪽으로, 다시 왼쪽으로 이동할 수도 있다. 자기 관리는 의지와 주의를 요구하는데, 이는 다양한 내적, 외적 요인에 따라 변하기 때문이다. 그러나 시간이 지남에 따라 약 45도 각도의 추세선—즉 기술 숙련도와 자기 관리를 동시에 향상시키는 것이 본능 편향과 관련된 문제를 다룰 때의 목표이다.

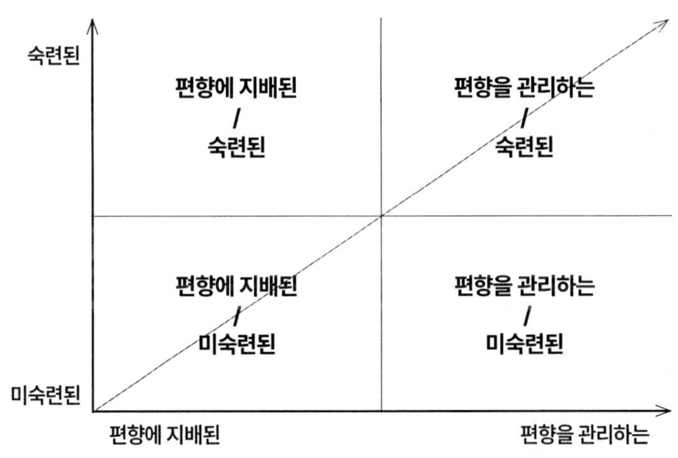

도표 2. 기술 숙련도와 자기 관리 다이어그램

다시 강조하자면, 우리는 보존, 탐색, 전파라는 세 가지 본능 영역을 에니어그램 문헌에서 종종 설명되듯이 세 개의 개별적이고 단일한 "본능"으로 보지 않는다. 대신, 우리는 이를 적응의 집합체, 즉 기본적인 욕구를 충족 시키려는 충동들로 본다. 본능 편향과 작업할 때는 폭넓은 접근법이 필요하며, 각 영역에는 개발할 수 있는 다양한 구체적 기술이 포함되어 있고, 더 인지하고 관리해야 할 무의식적 충동도 많다는 점을 인식해야 한다.

우리는 특정 본능 영역과 관련된 모든 세부적인 문제에서 보편적으로 능숙하거나 능숙하지 않을 수도 있다는 점을 기억하는 것이 중요하다. 예를 들어, 어떤 보존 성향을 가진 사람들은 재정 관리에 훨씬 더 능숙할 수 있지만 건강 관리에는 그렇지 않을 수 있다. 반대로, 건강 관리에 더 능숙하지만 재정 관리에는 서투를 수도 있다. 특정 본능 영역에 편향이 있다고 해서 그 영역과 관련된 행동이 반드시 "잘한다"거나 "못한다"는 의미는 아니다.

따라서, 예를 들어 "나는 탐색 성향을 개선해야 한다"라고 생각하고 이를 행동 계획으로 삼는 함정에 빠지지 않아야 한다. 성장과 관련하여 본능 편향 모델은 문제와 그에 대한 적절한 해결책에 대한 검색 범위를 일반적인 영역으로 좁혀야 하지만, 그 다음에는 개선하고자 하는 행동에 대해 매우 구체적이어야 한다.

예를 들어, 탐색 편향과 관련된 문제를 좁혀낸 후에는 "대화 중에 질문의 수를 늘리고 상대방의 답변에 귀를 기울임으로써 관계를 개선할 것이다."와 같이 구체적인 계획을 세워야 한다.

이 점을 염두에 두고, 여기 도표를 폭넓은 사고를 위한 가이드로 활용하면 된다. 각 영역 내에서 개선이 필요한 구체적인 부분을 식별하는 것은 여러분에게 달려 있다.

자신의 편향을 더 잘 이해하고 다룰 수 있도록 돕기 위해, 먼저 네 가지 사분면 각각에서 사람들이 어떻게 보이는지 설명하고자 한다.

좌하 사분면 – 편향에 지배된 / 미숙련된

대부분의 사람들은 이 사분면 어딘가에 살고 있다. 이곳에 있는 사람들은 자기 인식 수준이 낮으며, 본능 편향이 자신의 삶을 어떻게 통제하는지 잘 알지 못한다. 본능 편향은 정의상 무의식적인 충동이며, 우리는 자신의 주된 본능 편향과 관련된 활동에 얼마나 많은 주의를 기울이는지, 그리고 이를 얼마나 과대평가하는지 인식하지 못하는 경향이 있다. 이러한 활동들은 우리에게 매우 자연스럽고 직관적으로 느껴지기 때문에, 능숙하게 쓸 수 있게 능력을 개발해야 할 강한 이유를 느끼지 못할 수도 있다. 하지만 어떤 활동에서든 능숙해지려면 의식적이고 의도적인 주의가 필요하다. 예를 들어, 테니스를 배우고자 하는 사람은 단순히 코트에 나가서 경기를 한다고 능숙해지지 않는다. 그들은 레슨을 받고, 더 능숙한 선수들의 플레이를 관찰하며, 기본기를 의도적으로 연습해야 할 것이다. 인생의 모든 기술—심지어 본능 편향과 관련된 기술조차도—이와 같은 의도적인 접근이 필요하다.

아래에서는 각 본능 편향이 이 사분면에 있을 때 어떤 모습을 보이는지 설명하고자 한다.

■ 보존자

이 사분면에 있는 보존 성향의 사람들은 건강, 안전, 편안함, 그리고 환경에서 질서를 창출하려는 노력 등 보존과 관련된 주제에 매우 집중한다. 그러나 이들은 종종 이러한 요구를 비효율적이거나 생산성에 반하는 방식으로 충족시키려 한다.

예를 들어, 자신의 건강에 대해 자주 이야기하며 이를 얼마나 잘 관리하고 있는지에 대해 죄책감을 느낄 수 있지만, 정작 건강을 유지하기 위해 필요한 행동은 하지 않을 수 있다. 재정에 집착하지만 이를 잘 관리하지 못하거나, 할 일 목록을 강박적으로 작성하면서도 실행하지 않는 경우도 있다. 질서를 원하면서도 이를 만들어내지 못하는 경우도 흔하다.

탐색 행동(보존 성향의 내적 갈등 영역)과 관련해서는, 이 사분면에 있는 보존 성향의 사람들은 불안, 죄책감, 낮은 기술 수준이 결합되어 이 영역에서 어색한 이중성을 경험하는 경향이 있다. 이들은 가능한 한 탐색 활동을 회피하려 하면서도, 그러한 회피에 대해 죄책감과 수치를 느낄 수 있다. 이러한 죄책감은 때때로 이들을 탐색 활동에 무리하게 뛰어들게 만들며, 이는 대개 비효율적인 방식으로 이루어진다. 이들은 사회적 상황에 뛰어들지만 말을 지나치게 많이 하거나 지나치게 사회 활동에 몰두하여 이후에는 자신이 보여준 어색한 모습에 대해 후회하거나 심지어 부끄러움을 느낄 수 있다.

전파 행동(무관심 영역)은 이 사분면에 있는 보존 성향의 사람들에게서 대부분 무시된다. 이는 이들이 직장에서 자신의 성과와 능력을 잘 인정받지 못하거나 개인적인 삶에서 친구를 사귀고 관계를 구축하는 데 어려움을 겪을 수 있음을 의미한다.

■ 탐색자

이 사분면에 있는 탐색 성향의 사람들은 지위, 정체성, 정보 공유 등 탐색과 관련된 주제에 매우 집중하지만, 이를 비효율적이거나 때로는 역효과를 낳는 방식으로 실행한다. 이들은 좋은 소식과 나쁜 소식을 모두 퍼뜨리는데 열중하는 직장내의 가십꾼일 수 있다. 또한, 그룹 내에서 자신의 정체성을 찾는 데 어려움을 겪고, 주변 사람들과 자신을 비교하며 열등감을 느낄 수 있다. 때로는 현상 유지 상태나 대중적 의견을 충분히 고려하지 않고 무의식적으로 동조하거나 거부하기도 한다.

전파 활동과 관련해서는, 탐색 성향의 사람들도 보존 성향의 사람들이 이차적 영역에서 보이는 패턴과 유사한 행동을 보인다. 이들은 불안, 죄책감, 낮은 기술 수준으로 인해 대개 전파 활동 처럼 보일 수 있는 것을 회피하지만 때때로 갑작스럽게 주목받고자 하는 욕구를 느낄 때가 있다. 이런 순간에는 주목을 어색하거나 부적절하게 추구하며, 종종 도중에 스스로를 의식하고 갑작스럽게 물러난다. 이들은 무대에 오르는 것을 너무 오랫동안 피하다가 갑자기 스포트라이트에 뛰어들지만, 그 빛이 너무 강렬하게 느껴져 재빨리 탈출구를 찾으려는 사람처럼 보일 수 있다.

탐색 성향의 사람들은 이 사분면에서 보존 활동을 대체로 무시하는 경향이 있다. 이들은 때로는 무질서하고 체계적이지 못하거나 재정 관리에 소홀하며 실행에 어려움을 겪는다.

■ 전파자

이 사분면에 있는 전파성향의 사람들은 보존 영역에서 기술이 부족하고 불안을 경험하는 경향이 있다. 이들은 보존과 관련된 주제에 대해 자주 이야기하지만, 이를 일관적이거나 지속 가능한 방식으로 실행하지는 않는다. 예를 들어, 극단적인 식단이나 운동 루틴을 시작했다가 금세 포기하고, 자신의 부족함을 공개적으로 비판할 수 있다. 재정적 긴축을 결심하지만 이를 지속하지 못하거나, 또한 기본적인 보존 욕구를 충족하기 위해 사치품을 고집하며 과도하게 탐닉하는 모습을 보일 수도 있다.

이 사분면에 있는 전파 성향의 사람들은 탐색 영역과 관련된 활동을 무시하는 경향이 있다. 이들은 스스로를 매우 "사교적"이라고 생각할 수 있지만, 주변에서 일어나는 미묘한 사회적 신호나 집단 역학을 알아차리지 못하거나, 다른 사람들의 삶의 세부사항에 거의 관심을 보이지 않을 수 있다.

좌상 사분면 - 편향에 지배된 / 숙련된

어느 정도의 자기 인식을 가지고 실질적인 방식으로 자신을 개선하려는 열망이 있는 사람들은 이 사분면으로 이동하는 경향이 있다. 우리가 함께 일하는 대부분의 경영진이 이곳에 속하는데, 이들은 자신의 주된 본능 영역에서 매우 능숙하지만, 여전히 습관적으로 그 영역에 집중(때로는 과도하게 집중)한다. 이들은 여전히 편향에 지배되며 자신이 이를 관리하는 수준에는 이르지 못한 경우가 많다.

이들은 종종 자신이 선호하는 영역의 기술(열정 영역)을 기반으로 경력에서 성공을 거두었지만, 이 기술을 과대평가하고 다른 두 영역과 관련된 기술을 과소평가하여 어려움을 겪게 된다. 보통 내적 갈등 영역에서 어느 정도 기술을 개발하기 시작했으며(종종 자신이 생각하는 것보다 더 발전한 경우도 있음), 무관심 영역에서는 여전히 약한 편이어서 이를 보완하기 위해 어떤 형태로든 대체 방법을 개발하는 경우가 많다.

이 사분면에 있는 사람들이 경력에서 어려움을 겪기 시작하는 이유는 대개 주된 영역의 기술에 너무 큰 비중을 두거나, 세 번째 영역의 기술을 과소평가하거나 충분히 개발하지 못하기 때문이다.

■ 보존자

이 사분면의 보존자들은 보존 영역과 관련된 분야에서 매우 숙련된 경우가 많다. 이들은 구조적이고 실행 지향적이며, 자원을 효과적으로 관리하고 자신의 웰빙과 건강에 충분히 신경 쓴다. (물론 모든 보존자가 이 영역의 모든 측면에서 동등하게 능숙하거나 주의를 기울이는 것은 아니다.) 그러나 보존자들은 여전히 보존 영역을 자신의 안전지대로 삼고, 다른 두 영역으로 확장하려는 것을 꺼리는 경향이 있다. 이들은 직장과 개인 생활에서 대인관계를 능숙하게 조율하는 데 어느 정도 주의를 기울이지만, 필요한 만큼의 시간만 할애한다. 전파 영역은 여전히 이들의 약점이며, 성과를 저해할 가능성이 가장 높은 영역이다. 이들은 자신과 자신의 업적을 알리지 않고, 직장에서 주목받지 못한 채 묻히는 경우가 생길 수 있다.

■ 탐색자

이 사분면에 속하는 탐색자는 일반적으로 그룹의 역학 관계와 정치적 경향을 이해하는 데 능숙한다. 이들은 다양한 사람들과 전략적으로 관계를 발전시키고, 그룹 계층 구조와 그 구조를 효과적으로 활용하는 방법을 이해한다. 이들은 누가 누구와 무엇을 하고 있는지 잘 알고, 합의를 잘 이끌어 내며, 정보 공유를 해야 할 사람들과 현명하게 공유한다.

그러나 이들은 이 안전지대에 지나치게 의존하여 탐색 활동에 더 많은 시간을 할애하고, 다른 영역과 관련된 활동에 충분한 시간을 할애하지 않을 수 있다. 이들은 자신의 역할에 따라 전파 활동을 잘 수행할 수 있으며 다른 영역과 관련된 활동에 충분한 시간을 할애하지 않는 경향이 있다. 때로는 자신이 인식하는 것보다 더 역동적이고 카리스마 있어 보인다. 하지만 보존 영역은 여전히 덜 발달되어 있고, 세부 사항에 대한 부주의, 자원의 비효율적인 사용, 구조적 부족함이 주요 약점으로 작용할 수 있다.

■ 전파자

이 사분면에 속하는 전파자는 매력적이고, 카리스마가 있고 에너지가 넘치는 경우가 많다. 이들은 주목을 끌 수 있는 능력을 가지고 있으며, 이를 조직의 필요를 충족시키는 데 활용할 수 있기 때문에 뛰어난 영업 사원이나 사람들에게 영감을 주고, 동기를 부여하며, 교육하는 역할에 적합하다. 그러나 이 영역에 지나치게 의존하면 때때로 과도하게 "전파"하는 경향이 있다. 이들은 실행의 여러 측면에서 효율적이고, 재정과 자원을 효과적으로 관리하지만, 프로젝트에 필요한 자원과 잠재적 이익에 대해 지나치게 낙관적이며 위험을 감수하는 성향이 있을 수 있다. 이들의 취약점은 조직 내 집단 역학과 정치적 상황을 능숙하게 조율하는 것의 중요성을 인식하지 못하는 탐색 영역에 있다.

우상 사분면 - 편향을 관리하는 / 숙련된

이 사분면은 우리가 도달하고자 하는 목표로, 본능인 충동을 인식하고 그에 대한 반응을 관리할 수 있을 만큼 자기 인식이 높은 상태를 나타낸다. 우리는 자신에게 가장 편안하게 느껴지는 영역에 집중하고자 하는 욕구를 인지하지만, 그 유혹에 굴복하지 않고 특정 상황에서 실제로 주목해야 할 영역에 집중한다.

이 사분면으로 이동하면서 우리는 세 가지 영역 모두에서 의식적이고 의도적으로 기술을 개발해야 할 필요성을 깨닫게 되며, 적절한 시점에 적절한 기술을 사용하기 시작한다. 또한 특정 영역의 활동을 외부에 위임하는 것이 더 나은 결과를 가져올 수 있음을 인식하게 된다. 상황이 허락한다면 더 숙련된 사람들이 중요한 작업을 처리하도록 맡기는 것이 종종 더 효과적이기 때문이다.

이 사분면에서는 자신의 강점을 파악하고 적절하게 활용하는 동시에 약점을 인식하며, 필요할 때는 이를 개선하거나 도움을 요청한다. 물론, 이 단계에 도달하는 데는 오랜 시간이 걸리며, 일단 도달한 후에도 꾸준한 노력이 필요하다. 자신의 강점과 약점을 명확히 인식하고, 근본적으로 중요하지 않다고 느껴지는 영역에서도 관련된* 약점을 개선하기 위해 필요한 에너지를 쏟아야 한다. 이는 인생의 중요한 일들처럼 주의와 규율을 요구한다.

우하 사분면 - 편향을 관리하는 / 미숙련된

사람들이 어떻게 자신의 편향을 "관리"하면서도 여전히 미숙할 수 있는지 이해하기는 어렵지만, 이 사분면에서는 편향을 실제로 관리하기보다는 그것을 인식하는 것에 더 중점을 둔다. 자기계발과 영적 수련을 통해 많은 자기 인식을 실천하는 사람들이 있지만, 실제로는 자신의

---

* 우리는 "관련된"이라는 단어를 매우 의도적으로 사용한다. 누구든 모든 것을 잘할 수는 없으며, 그렇게 하려고 해서도 안 된다. 각 본능 영역은 여러 가지 구체적인 기술로 구성된다. 예를 들어, 보존(Preserving) 영역에는 투자 관리, 요리, 집 수리, 신체 건강 관리 등과 같은 활동이 포함된다. 어느 누구도 모든 일에 고도의 기술을 갖추는 것은 불가능하므로, 특정 활동을 "아웃소싱(외주)"하고 부담을 나누기 위해 올바른 협력자를 찾는 것이 매우 중요하다. 사실, 이것이 사회적 종(species)의 일원으로서, 노력의 부담뿐 아니라 노력의 결실을 나눌 수 있는 장점이다. 우리는 반드시 잘해야 하는 활동에 집중하고, 다른 부분에 대해서는 현명한 대안을 찾아야 한다.

행동을 잘 관리하지 못하거나 해당 영역과 관련된 실질적인 기술을 개발하지 못하는 사람들이 있다.

아이러니하게도, 이러한 사람들은 자기 관찰을 실천하면서도 피드백을 구하지 않기 때문에 자신의 기술 부족과 자기 관리의 결여를 가장 잘 인식하지 못할 수 있다. 이로 인해 큰 사각지대를 남기게 된다. 또는, 그들이 특정 영역의 일부 측면에서는 능숙하더라도 대부분에 대해서는 눈이 먼 상태일 수 있다.

여기에서 우리는 자기 자신을 볼 수 있는 능력인 *자기 인식(self-awareness)*과 자신을 통제하고 의도적으로 행동을 선택할 수 있는 능력인 *자기 관리(self-management)*의 차이를 알게 된다.

우리의 목적을 위해서는 자기 관리를 잘할수록 숙련도가 증가할 가능성이 높다는 점을 기억하는 것이 중요하다. 그러나 기술 개발을 적극적으로 추구하지 않는다면, 위의 그래프에 나타난 것처럼 진전의 속도가 가파르지는 않을 수 있다는 점을 기억해야 한다.

본능 편향 다루기

우상 사분면으로 나아가기 위해서는 자기 관리와 기술 습득이라는 두 가지 활동이 필요하다.

자기 관리는 세 가지 활동에 의존한다.

- 자기 인식(Self-awareness) – 우리의 습관적인 성향에 대한 깊은 이해를 발전시키는 것이다. 이는 자기 관찰, 자신의 성격 유형에 대한 학습, 그리고 다른 사람들로부터 피드백을 받는 과정을 통해 이루어진다.

- 주의(Attention) – 현재 순간에 충분히 주의를 기울여, 우리가 비효율적이거나 잘못된 방식의 습관적인 행동을 하거나 생각하고 있는지를 인식하는 연습을 말한다. 감정 상태를 읽는 법을 배우면 주의를 기울이는 능력이 향상된다. 간단히 말해, 일이 잘못될 때 우리는 기분이 좋지 않으며, 우리의 무의식적 뇌는 종종 의식적 뇌보다 문제를 먼저 인식한다. 문제가 인식되면, 감정을 통해 신호를 보낸다–슬픔, 분노, 당혹감 등. 이러한 감정은 주의를 기울이고 문제를 파악하여 생각이나 행동을 재조정하라는 신호이다.
- 이성(Reason) – 앞서 전략에 대한 Section에서 설명했듯이, 변화를 시도하는 것을 무언가에 대한 거부가 아니라 고유한 가치를 해결하는 더 나은 방법으로 바라볼 때, 변화가 한결 쉬워진다. 본능 편향과 관련된 행동 개선에서는 그 Section에서 언급된 대로 이야기를 다시 쓰고, 새로운 바람직한 행동이 우리의 주된 본능 편향을 어느 정도 충족시키는 것으로 프레임을 짜는 것이 도움이 된다.
- 의지(Will) – 즉각적인 만족감을 느끼지 못할지라도 우리의 행동을 바꾸는 훈련을 실천한다.

기술 습득은 다음을 요구한다.

- 개선이 필요한 점을 인식하기
- 새롭거나 불편한 특정 행동을 개선하는 방법 배우기
  단순히 "더 나은 전파자가 되겠다"라는 막연한 목표를 세우는 것으로는 부족하다. 구체적으로 어떤 부분을 개선할지 정하고, 이를 위해 책을 읽거나, 강의를 듣거나, 영상을 시청하거나, 조언을 구하는 등의 방법으로 새로운 기술을 배워야 한다. 기술을 배우는 방식은 다양하지만, 배움의 필요성을 인정하고 그 가치에 공감하는 것이 중요하다. 또한, 우선순위를 정해 가장 가치 있는 기술부터 작업해야 한다.

- 향상시키고자 하는 활동을 연습하기

  단순히 이론을 배우는 것만으로는 충분하지 않다. 모든 기술은 지속적이고 의도적인 연습을 통해서만 습득된다. 행동 계획을 세우고 이를 꾸준히 실행하라.

- 진행 상황 점검하기

  스스로를 책임감 있게 관리할 방법을 찾아야 한다. 정기적으로 결과를 확인하고, 필요에 따라 계획을 조정하라.

리더십과 본능 편향: 확장을 준비하며

앞서 언급했듯이, 모든 일을 잘할 수 있는 사람은 아무도 없다. 우리는 재무 담당자에게 영업팀만큼 뛰어난 판매 능력을 기대하지 않으며, 엔지니어에게 홍보 전문가가 되기를 요구하지도 않는다.

회사가 커질수록 사람들은 각자의 역할에 더 전문화된다. 개인이 주어진 특정 분야에서 더 많은 전문성을 갖출수록 회사 전체의 효율성도 향상된다.

우리는 본능 영역이 다양한 활동과 조직 기능에 반영된다는 것을 확인했다(예. 보존(Preserving) 영역은 재무 및 운영과, 전파(Transmitting) 영역은 영업과 관련됨). 리더십과 본능편향 관련해서 고객에게 유용했던 본능편향 프레임워크를 적용하는 또 다른 방식이 있다.

"효과적인 리더가 되기 위해 어떤 기술이 필요한가?"라는 질문에 대한 쉬운 답은 없다. 리더가 갖추어야 할 기술은 많지만, 한 환경에서 성공적인 리더십이 다른 환경에서도 똑같이 효과를 발휘하지는 않는다는 현실이 있다. 또한 많은 리더들이 한 회사에서는 큰 성공을 거두지만, 다른 회사로 옮겼을 때 실패하거나 그 반대의 상황이 발생하는데 서로 다른 상황에서는 서로 다른 역량이 필요하기 때문이다.

말하자면, 우리는 경력을 쌓으며 지속적으로 "확장"하고 점점 더 큰 책임과 조직적 범위를 맡는 리더들과 일정 수준에 도달한 후 더 이상 나아가지 못하는 정체기에 있는 리더들을 구분 짓는 몇 가지 핵심 역량이 있다는 것이다. 이러한 역량은 세 가지 본능 영역과 직접적으로 연관된다.

a. 효과적인 개인 프로세스와 구조(보존 영역).
b. 타인의 재능 개발 및 기존 관계 함양 (탐색 영역).
c. 개인 브랜드 관리 및 네트워킹 (전파 영역).

이러한 각 영역에서 지속적이고 체계적인 개선을 이루면 리더는 동일한 노력과 시간으로 더 많은 적절한 성과를 달성할 수 있다. 우리의 경험에 따르면, 이러한 핵심 역량에서 필수적인 수준의 기술을 갖추지 못한 리더는 결국 실패하게 된다. 여기서 중요한 단어는 "필수적인 (requisite)"으로, "필요한 정도"를 의미한다. 그렇다면 필요한 정도는 어떻게 알 수 있을까? 정기적인 자기 평가와 신뢰할 수 있는 동료들로부터 피드백을 받는 것이 그 방법이다.

어떤 상황에서 정확히 무엇이 필요한지 알려주는 리더십 핸드북은 없다. 삶과 리더십 상황은 너무 복잡하기 때문이다. 성공을 위해서는 피드백, 자기 평가, 그리고 리더십 여정에서 개발해야 할 역량에 대한 프레임워크(혹은 모델의 격자 구조)를 갖추는 것은 성공에 매우 중요하다. 더 넓은 "인식에서 행동으로의 리더십"(Awareness to Action

Leadership) 모델의 일부인 "확장 역량(scaling competencies)"은 좋은 출발점이 될 수 있다.

이 책에서 이러한 역량에 대해 깊이 다루는 것은 범위를 넘어서는 일이지만 그러나 간략히 소개를 제공할 것이다. 또한, 이 Section의 마지막에 각 영역에서 개선하기 위한 지침으로 참고할 수 있는 유용한 자료 목록을 제공하겠다.

a. 효과적인 개인 프로세스와 구조 (보존 영역)

우리가 만난 최고의 리더들은 프로세스 관리에 열정적이다. 그들은 일이 실행되도록 보장하는 것이 자신의 주요 역할이라는 것을 알고, 효율성과 효과성의 본보기가 된다. 그들은 실행하며 조직 전체에서 실행을 촉진한다. 이러한 능력을 발휘하려면 다음과 같은 여러 기술이 필요하다.

- **효과적인 시간 관리**

  확장성이 뛰어난 리더는 시간을 철저히 관리한다. 그들은 일정을 직접 관리하거나 누군가에게 관리하도록 맡기며, 그 일정에 충실하다. 시간은 재생할 수 없는 자원임을 알기에 이를 효율적으로 사용한다. 또한, 시간을 허술하게 관리하면 비효율성이 확산된다는 사실을 이해한다. 회의에서 회의로 급히 이동하는 동안 다른 사람들이 기다리는 시간은 잃어버린 시간이기 때문이다.

- **명확한 목표와 지표**

  확장 가능한 리더는 명확히 정의된 목표를 가지고 있으며, 그 목표에 따라 활동의 우선순위를 정하기 때문에 항상 올바른 일에 집중한다.

- **과업 관리**

  확장 가능한 리더는 자신들의 할 일을 추적하고 관리하기 위한 시스템을 갖추고 있다. 프로젝트를 과업으로 나누고, 과업에 맞게 일정을 짜고, 효과적으로 위임하며, 자신이 다른 사람에게 해주어야 할 일과 다른 사람들이 자신에게 해야 할 일을 체계적으로 관리한다.

- **반복 과업의 시스템화**

  확장 가능한 리더는 반복적인 과업이나 의무를 임시방편으로 처리하지 않고 이를 시스템화 한다. 규칙적인 운동 시간, 운영 검토 및 부하 직원과의 1.1 미팅 일정, 이메일 검토 및 응답 시스템 등이 이러한 체계화의 예이다.

- **건강과 웰빙 유지**

  확장 가능한 리더는 장기적인 성공을 위해 자신들의 건강을 중요시한다. 그들은 건강한 식습관을 유지하고, 규칙적으로 운동하며, 효과적인 휴식과 여가 활동을 통해 건강을 관리한다.

b. 인재 개발 및 관계 증진 (탐색 영역)

인재 개발 - 모든 일을 혼자 다 할 수는 없다. 리더가 된다는 것은 대부분의 일을 실행하는 다른 사람들을 이끄는 것을 의미한다. 리더의 역할은 그들에게 방향을 제시하고 성공할 수 있도록 권한과 힘을 부여하는 것이다. 리더의 성공은 팀원들의 성공에 달려 있다.

모든 리더는 이것을 머리로는 이해하지만, 실제로 어떻게 실행해야 할지는 모르는 경우가 많다. 대부분의 리더는 스스로 일을 빠르고 뛰어나게 수행함으로써 지금의 자리에 올랐으며, 종종 다른 사람의 많은 지침 없이 그 방법을 스스로 터득했다.

실무자에서 리더로 전환하는 일은 쉽지도, 자연스럽지도 않기 때문에 대부분의 리더는 부하 직원들을 개발하는 방법을 배우기 위해 노력을 기울여야 한다. 성장하고자 하는 리더는 자신과 함께 성장할 수 있는 부하 직원이 필요하다.

관계 증진 – 다시 말하지만, 모든 일을 혼자 할 수는 없다. 확장 가능한 리더는 조직 내에서 영향력 있는 사람들과 연결될 수 있도록 관계를 육성한다. 이들은 조직 내 비공식적인 게이트 키퍼와 자원이 누구인지, 어떤 조직적 지렛대를 언제 작동시켜야 하는지, 그리고 회사 내에서 지배적인 인식과 사내 정치에 대한 민감성을 이해한다.

또한, 이들은 타인에게 도움이 되는 방법을 배우고, 언젠가 자신이 호의를 요청해야 할 때를 대비해 "의지할 수 있는 사람"이 되려고 한다. 빚을 지는 것보다 빚을 주는 것이 더 낫다는 것을 이해하며 행동한다.

C. 개인 브랜드 관리 및 네트워크 구축 (전파 영역)

개인 브랜드 관리 – 아마도 그래서는 안되지만, 인식이 중요하다. 사람들이 우리를 어떻게 보느냐, 혹은 보지 못하느냐가 우리의 성공에 영향을 미칠 수 있다. 확장 가능한 리더는 다른 사람들이 자신의 복장, 말투, 그리고 이사회 회의실에서부터 식사 자리, 최일선 직원들과의 상호작용에 이르기까지 모든 태도를 평가하고 있음을 이해한다.

확장 가능한 리더는 자신이 이룬 성과를 다른 사람들이 모른다면, 이는 마치 숲에서 나무가 쓰러질 때 소리가 들리지 않는 것과 같다는 것을 안다.

따라서, 이들은 자신의 개인 브랜드를 효과적으로 관리하지만, 과도하게 자랑하지 않는다. 자신을 과대 포장하는 사람이 되지도 않으며, 반대로 자신의 성과를 숨기고 비밀로 하지도 않는다.

확장 가능한 리더는 자신이 맡은 역할에 걸맞는 모습을 유지하며, 사람들이 자신의 기술과 역량을 솔직하고 정확하게 이해할 수 있도록 한다. 이를 소홀히 한다면, 회사에서 과소평가되어 더 많은 성과를 낼 수 있음에도 상사들이 자신의 잠재력을 몰라보는 결과를 초래할 수 있다.

네트워크 구축 - 확장 가능한 리더는 자신의 범위가 사용 가능한 자원에 의해 제한된다는 것을 알고 있다. 폭넓은 네트워크는 더 많은 자원과 기회에 접근할 수 있게 한다. 넓은 네트워크는 더 쉽게 유능한 인재를 팀에 합류하게 한다. 이는 더 많은 기회가 찾아오게 하며, 업계에서 무슨 일이 일어나고 있는지 파악하고 창의성과 혁신을 불러일으킬 통찰력을 얻을 수 있음을 의미한다. 또한, 자신, 제품, 또는 경력을 홍보할 수 있는 영향력 있는 사람들에게 더 쉽게 접근할 수 있음을 의미한다.

확장 가능한 리더는 항상 네트워크를 확장하고, 이를 활용할 방법을 끊임없이 고민한다.

보존 영역에서 확장을 위한 참고 자료.

◈ 피터 드러커(Peter Drucker)의 "Managing Oneself"(자기관리)

◈ 피터 드러커의 "The Effective Executive"(효과적인 경영자)

◈ 피터 드러커의 "What Makes an Effective Executive"(무엇이 효과적인 경영자를 만드는가?)

◈ 데이비드 앨런(David Allen)의 "Getting Things Done"(일 처리하기)

◈ 앤디 그로브(Andy Grove)의 "High-Output Management"(고출력 경영)

◈ 존 도어(John Doerr)의 "Measure What Matters"(측정이 문제이다)

탐색 영역에서 확장을 위한 참고 자료.

◈ 마리오 시코라(Mario Sikora)의 "Developing Talent"(재능개발)

◈ 마리오 시코라의 "Becoming a Skillful Navigator"(숙련된 탐색가 되기) (*www.amazon.com/author/mariosikora*에서 Kindle Singles로, 또는 *www.mariosikora.com*의 리소스 페이지에서 PDF로 다운로드 가능)

전파 영역에서 확장을 위한 참고 자료.

◈ 하이디 그랜트 할버슨(Heidi Grant Halvorson)의 "No One Understands You and What to Do About It"(아무도 당신을 이해하지 못하면 어떻게 해야 할까?)

◈ 래리 G. 린(Larry G. Linne)과 패트릭 시트킨스(Patrick Sitkins)의 "Brand Aid"(브랜드 지원)

◈ 헤더 타운센드(Heather Townsend)의 "The Financial Times Guide to Business Networking"(비지니스 네트워킹을 위한 파이낸셜 타임즈 가이드)

결 어

이 책은 목적지라기보다 출발점에 가깝다. 에니어그램의 27가지 하위 유형에 대한 관심이 빠르게 증가하고 있지만, 이 책에서는 그 하위 유형을 독특한 관점에서 다루고 있다. 이 관점은 비즈니스 세계에서 20년 이상 실질적으로 적용된 경험을 바탕으로 하며, 인지과학과 진화심리학의 지식과도 일치한다.

우리는 이 책을 의도적으로 간결하게 작성하여, 개념의 이론적 배경에 지나치게 깊이 들어가지 않고 기본 개념의 기초를 제공하고자 했다. 또한, 독자들이 이 개념들을 탐구하고 적용할 수 있는 체계를 제시하려고 노력했다.

여러분의 경험과 질문을 듣게 되길 기대하며, info@awarenesstoaction.com으로 보내주시면 된다. Awareness to Action 에니어그램의 적용법 인증 과정이나 Awareness to Action International의 라이선스에 대한 정보가 필요하면 언제든지 연락주기 바란다.

저 자
소 개

마리오 시코라(Mario Sikora)는 Awareness to Action International 의 대표이며, 전 세계 조직의 리더들과 협력하는 경영 코치 및 리더십 개발 컨설턴트이다. 특히, 비즈니스 세계에서 활용되는 에니어그램 성격 유형 모델에 대한 권위자로, 이 책에 담긴 개념을 코치, 컨설턴트, 강사 및 HR/OD 전문가들에게 가르치는 인증 프로그램을 진행하고 있다.

마리오는 기술, 통신, 의료 및 제약, 소비자 전자제품, 보안, 제조업 등 다양한 산업 분야의 주요 기업들과 협력해 왔다. 그는 리더와 팀이 본능 편향 프레임워크를 활용해 의사소통과 협업을 개선하고, 전략을 수립하며, 고객 관계를 강화할 수 있도록 조언한다.

그는 필라델피아 외곽에 아내와 네 아들과 함께 거주하고 있다. 마리오의 블로그는 www.mariosikora.com에서 확인할 수 있으며, 이메일(mario@awarenesstoaction.com)이나 전화(+1.267.304.1234) 로 연락할 수 있다.

마리아 호세 무니타(María José Munita)는 Awareness to Action International의 부대표이다. 코치이자 컨설턴트로서, 건설, 제약, 컨설팅, 광업, 물류, 광고 대행사, 셀룰로오스, 은행, 비영리 단체 등 다양한 산업 분야의 고객들과 함께 리더십 개발 및 팀 효율성 향상을 위해 일하고 있다.

에니어그램 트레이너로서 HR 및 OD 전문가, 코치, 컨설턴트, 치료

사, 일반 대중을 대상으로 에니어그램 기반의 교육과 인증 프로그램을
제공한다. 북미, 남미, 유럽 및 중동의 여러 국가에서 강연, 학회 발표,
워크숍 및 인증 프로그램을 진행한 바 있다.

그녀는 남편과 두 딸과 함께 칠레 산티아고에 거주하고 있다. 이메일
(mariajose@awarenesstoaction.com)이나 전화(+569.9161.5757)
로 연락할 수 있다.

Awareness to Action International 소개

Awareness to Action International(ATAI)는 고객들이 비즈니스
의 인간적 측면을 효과적으로 마스터할 수 있도록 돕는다. 이를 위해
다음과 같은 서비스를 제공한다.

- 개인의 성과와 리더십 역량 강화
- 협력적이고 민첩하며 통합적인 팀과 조직 구축
- 고객의 사고방식 이해
- Awareness to Action 인증 프로그램을 통해 다른 사람들도 동일한 목
  표를 달성하도록 지원

프로그램 소개

ATAI는 지난 20년간 다양한 규모와 유형의 고객들에게 에니어그램
기반의 컨설팅, 코칭, 리더십 개발 서비스를 제공해 왔다. 현재 5개 대

류에서 활동 중인 라이선스 컨설턴트 및 트레이너들이 시그니처 프로그램인 Personalities@Work를 제공한다.

자세한 내용은 info@awarenesstoaction.com 또는 +1.267.304.1234로 문의하기 바란다.

Personalities@Work 프로그램

ATAI의 대표 프로그램은 반일, 하루, 또는 이틀 일정으로 진행할 수 있으며, 고위 리더, 중간 리더, 최전선 리더에 맞게 맞춤화할 수 있다.

본능 리더십 프로그램. 하루 및 1/2일 일정

우리 각자는 고유한 본능적 주의 초점이 있으며, 이는 우리가 중시하는 가치를 형성한다. 이 초점은 리더십에 영향을 미쳐 강점과 약점을 만들게 된다.

- 보존 리더(Preserving leaders): 리더십의 기본 요소(프로세스, 구조, 행정 등)에 집중하지만, 지나치게 보수적이고 영감을 주지 못할 수 있다.
- 탐색 리더(Navigating leaders): 그룹 역동성과 문화에 초점을 맞추며 전략적 사고에 강하지만, 실행력과 행정 및 관리 업무에서 어려움을 겪을 수 있다.
- 전파 리더(Transmitting leaders): 비즈니스의 강렬함과 흥미로움에 초점을 두고 비전, 아이디어, 제품을 다른 사람들에게 전달하는 데 능숙하지만, 미묘한 신호를 읽거나 그룹의 역학 관계를 변화시키는데 어려움을 겪을 수 있다.

본능 리더십 프로그램은 이러한 세 가지 리더십을 탐구하며, 각 스타일이 자신의 강점을 활용하고 무의식적인 주의 초점으로 인해 발생하는 약점을 극복할 수 있도록 돕는다.

Personalities@Work. 2일 일정 프로그램

이틀 일정으로 진행되는 이 프로그램에서는 성격 유형에 대한 이해와 개인 및 그룹 성과에 미치는 영향을 심층적으로 탐구한다.

Personalities@Work 프로그램은 조직이 직원들의 자기 인식 및 감성 지능을 개발하도록 돕는다. 이는 성공적이고 몰입도 높은 직장을 만들기 위해 필수적인 요소이다.

Personalities@Work는 조직 구성원들이 세 가지 본능 편향과 직장에서 발견되는 아홉 가지 성격 유형을 탐구함으로써 의사소통과 협력을 개선하고, 갈등을 줄이며, 다양성에 대한 존중을 높일 수 있도록 지원한다. 참가자들은 자신의 성격 유형과 동료들의 성격 유형, 그리고 이러한 유형이 비즈니스의 모든 측면에 어떻게 영향을 미치는지에 대해 배우게 된다.

리더를 위한 명료한 사고와 의사결정 기술

이성의 작용에 관한 현대의 과학적 이론에 따르면, 우리는 믿고 싶은 대로 추론하고 결론을 내리는 데 능숙하지만, 세상을 명확하고 객관적으로 보는 데는 서툴다고 한다. 그러나 정반대로 우리는 직관이 객관적이고 정확하다고 믿는 경향이 있다.

이 프로그램은 리더들이 판단을 흐리게 만드는 선천적 사고 편향을 줄이기 위해 필요한 도구와 기술을 개발하도록 돕는다.

감성 지능, 갈등 관리 및 효과적인 의사소통 능력과 같은 소프트 스킬은 강력한 리더십에 매우 중요하지만, 효과적인 사고와 의사결정 기술 또한 종종 간과되는 리더의 필수 도구이다. 이 프로그램은 리더들에게 이러한 기술을 제공한다.

Awareness to Action 리더십. 임원 코칭 프로그램

Awareness to Action 리더십 개발 프로그램은 높은 잠재력을 가진 리더들이 실행력과 연결된 뛰어난 자기 인식을 개발하도록 돕는다.

이 프로그램은 심층적인 성격 유형 평가, 360도평가, 경영진 코치가 리더를 돕는 체계적인 접근 방식을 결합한 것이다.

- 자신의 강점과 성장 기회를 식별한다.
- 성과를 즉각적으로 개선하고 경력 발전에 도움이 되는 성장 계획을 수립한다.
- 평생 학습의 기반을 마련하는 리더십 및 성과 모델을 활용한다.

지속적인 코칭 세션은 리더가 자신의 성격 유형의 맥락에서 피드백을 이해할 수 있도록 돕는다. 또한, 이 세션은 고객이 리더십 과제를 보다 유연하고 효과적으로 대처할 수 있도록 사고 방식을 개발하는 데 도움을 제공한다.

Awareness to Action 팀. 변화에 대한 저항 극복하기

Awareness to Action Teams 프로그램은 더 일관되고 효과적으로 기능할 방법을 모색하는 기존 팀을 대상으로 설계되었다. 이 프로그램은 팀의 개발 필요성을 철저히 분석하는 것으로 시작하며, 에니어그램 성격 유형 모델을 활용해 팀 구성원의 심층 프로파일을 작성한다. 또한, 변화에 대한 저항의 심리적 원인과 이를 극복하는 방법을 탐구한다.

팀의 성격 프로파일이 확인되면, 참가자들은 세 가지 단계로 이루어진 Awareness to Action 과정을 통해 팀이 공통된 목적을 식별하고, 그 목적을 달성하는 데 방해가 되는 대인관계 장벽을 제거하는 데 필요한 기술을 개발하도록 돕는다.

각 팀은 고유하기 때문에, 우리 컨설턴트는 고객의 개별적인 요구에 맞게 이 프로그램을 맞춤화하며, 이를 지속적인 작업의 기초로 활용할 수 있다.

역자 후기

◆ 송재흥

"진정한 자기 이해와 성숙한 리더십을 향하여"

마리오 시코라를 만난것은 벌써 10여년전의 일입니다. 그의 세미나를 통역한 이후 오랜동안 친구로 깊은 교제를 할 수 있었고 나의 유형을 찾는데에도 큰 도움을 주었습니다. 작년 에니어그램협회 가을 컨퍼런스에서 다시 만날 수 있었고 그때의 감동으로 그의 책을 번역하면 어떨까 했는데 흔쾌히 허락하여 주었습니다.

마리오 시코라의 이 책, *"에니어그램의 27가지 하위유형으로 작업하기: 에니어그램, 본능, 리더십"*은 에니어그램을 단순히 개인의 성격 분석에 머무르지 않고, 리더십의 실제적인 장으로 확장시킵니다. 시코라는 명료하고 직설적인 언어로, 각 하위유형의 핵심 동기와 행동 양식을 해부하고, 이를 어떻게 건강한 리더십으로 전환시킬 수 있을지를 설득력 있게 제시합니다.

한국 사회는 지금, 리더십의 위기와 자기 성찰의 필요성을 절실히 느끼는 시대를 살아가고 있습니다. 특히 교회와 사회 곳곳에서, 권위에 기반한 전통적 리더십보다는 공감과 자기이해에 기반한 서번트 리더십과 감정적으로 건강한 리더십이 요구되고 있습니다. 이런 변화의 흐름 속에서 이 책은 우리에게 더없이 시의적절한 통찰을 제공합니다.

196

저는 에니어그램을 통한 자기 성찰과 영성 형성에 깊은 관심을 가진 사람으로서, 이 책이 한국 교회와 리더들, 그리고 자기 이해와 변화에 관심 있는 독자들에게 중요한 이정표가 되리라 믿습니다.

이 책은 특히 다음과 같은 분들에게 유익할 것입니다:

- 자기 이해를 통해 더 깊은 영적 성장을 추구하는 신앙인
- 팀을 이끄는 리더로서 자신의 리더십 스타일을 성찰하고 싶은 분
- 에니어그램을 더 입체적이고 실제적인 차원에서 이해하고 싶은 교육자와 상담가

번역 과정에서 원문의 뉘앙스를 한국어 정서에 맞게 최대한 충실히 담아내려 노력하였습니다. 독자 여러분께서 이 책을 통해 '나의 자동 반응'을 인식하고, 그것을 넘어서려는 자기 리더십의 여정을 시작하시길 소망합니다.

◆ 최 학 수

마리오 시코라와의 첫 대면을 기억합니다. 2박 3일 워크샵의 첫 시간, 그는 단단하고 부드러운 느낌이었습니다. 그의 에니어그램은 익숙한 듯 익숙하지 않았고 의문과 더불어 통찰을 불러일으켰습니다. 그의 설명은 간명했고 질문에 대한 답변은 친절하고 섬세했습니다. 덕분에 참석자들의 에니어그램에 대한 이해가 넓고 새로워졌습니다. 그 영향으로 협회 차원에서 워크샵 후속 모임을 열어 학습 내용을 정리하는 시간을 가졌습니다. 그럼에도 개인적으로 미진한 부분이 있었는데, 이를

테면 아홉 유형의 구분을 동기가 아닌 전략으로 하는 진정한 의미는 무엇인가, 한 개인이 갖는 세 가지 본능 편향 차이를 양적 혹은 순위(1순위/2순위/3순위) 측면이 아닌 질적 혹은 영역(열정/내적 갈등/무관심) 차원에서 접근하는 이유와 근거는 무엇인가 등이었습니다. 책 번역 작업에 참여한 이유 중 하나였고 다행히 번역을 위해 읽기를 반복하며 궁금함을 풀 수 있었습니다.

책의 요약은 능력 밖이고 다만 전략과 문제 해결 '목적', 진화심리학과 인지과학 '논리', 코칭/컨설팅 현장 '작동'을 염두에 두며 정독하시기를 권하고 싶습니다. 굳이 하나를 보탠다면 기존 지식과 다른 견해를 접하는 태도에 관한 것입니다. '탐색', '전파' 편향을 읽다보면 '사회적', '성적' 본능을 떠올리며 판단하기 쉽습니다. 기존 개념과 새 개념을 비교하기보다는 (잠시 미루고) 새로운 접근이 자기 자신을 얼마나 잘 설명하는가로 주의와 초점을 돌리기를 권합니다. 저 자신은 하위 본능에서 혼란을 겪다가 본능 편향을 찬찬히 읽으면서 어느 순간 웃음이 나오고 말았습니다. 편향을 분명하게 찾은 것이지요. 무지 앞에 작아지나 동시에 지적 오만이 있고, 관망자나 아웃사이더라는 안전지대에 머물고 싶은 가운데 부지불식간에 튀거나 중심에 서려는 충동이 입니다. 자주 생각하고 신경을 쓰지만 정작 행동은 취하지 않는 인지-행동의 간극에 아연합니다.

내용은 다를지라도 이같은 우리 안의 양면성과 부조화, 복합성을 저자의 안내를 받으며 탐구하는 경험을 해보시기 바랍니다. 풍성하고 미묘하며 모순적 속성들이 경합하는 가운데 적응해가는 깊고 새로운 나를 만날 수 있을 것입니다. 감사합니다.

◆**윤혜경**

이 책을 번역하며, 인간의 본능적 편향이 개인을 넘어 조직과 기업문화, 나아가 오너의 리더십과 기업의 성패에까지 영향을 미친다는 사실을 더욱 깊이 실감하게 되었습니다. 마리오(Mario)는 명확하고 간결한 문체로 본능이 어떻게 우리의 사고, 감정, 행동을 형성하며, 조직 내 역학에 실질적으로 작동하는지를 날카로운 통찰과 풍부한 사례를 통해 설득력 있게 풀어냈습니다. 특히, 제가 20년간 일했던 기업에서 경험한 현상들이 마치 스캔하듯 정밀하게 설명돼서 놀라웠고, 그동안 체감해 온 저 개인의 리더십 문제 뿐만 아니라 조직의 본질적 문제들이 한층 명료해지는 지적 쾌감을 느꼈습니다.

에니어그램을 공부해오면서 '아는 것'보다 '행하는 것'의 중요성을 절감해왔으나 행동 변화를 이끌 실질적 가이드가 부족했던 것이 현실이었습니다. 그러나 마리오는 본능의 역동성을 '보존, 탐색, 전파'라는 행동 중심 개념으로 정리하며, 이를 통해 개인과 조직이 변화할 수 있는 구체적이고 실용적인 대안을 제시하였습니다. 또한, 이 개념은 전통적인 27가지 하위유형(정확하게 매칭되는 개념은 아니지만)에서 충분히 설명되지 못한 부분까지 포괄하고 있기 때문에 분화된 격정과 자신의 고유한 행동 패턴을 이해하고 성장할 수 있도록 돕는 강력한 도구가 될 것이라고 기대합니다.

워크숍에서 충분히 이해하지 못했던 부분들이 책을 번역하는 과정에서 명확해졌고, 이렇게 훌륭한 책을 번역할 수 있음에 감사한 마음입니다.

마리오가 연구한 개념들은 특히 조직 코칭에 매우 효과적이라고 생각합니다. 이 책이 에니어그램을 조직 리더십과 경영에 적용하려는 분들에게 필독서가 되기를 바라며, 나아가 실천적 변화를 이끌어낼 깊은 통찰을 제공하는 의미 있는 지침서가 될 것이라 확신합니다.

인식에서 행동으로
에니어그램의 27가지 하위유형으로 작업하기

에니어그램 본능 리더십

발행일	2025년 4월 7일
지은이	마리오 시코라 & 호세무니타 (Mario Sikora & Maria Jose Munita)
옮긴이	송재흥, 최학수, 윤혜경
발행인	송재흥
펴낸곳	한국에니어그램협회(IEA KOREA)
등록	2025-000033
주소	서울시 종로구 대학로19 606호
대표전화	02-831-5454
이메일	ieakorea@hanmail.net
홈페이지	www.ieakorea.com
값	17,000원
ISBN	979-11-992169-1-4

본서의 무단 복제 행위를 금하며, 잘못된 책은 바꾸어 드립니다.